AF275165

COLEX

Disfrute gratuitamente **DURANTE UN AÑO** de los eBook y audiolibros de las obras de Editorial Colex*

- ⊛ Acceda a la página web de la editorial **www.colex.es**

- ⊛ Identifíquese con su usuario y contraseña. En caso de no disponer de una cuenta regístrese.

- ⊛ Acceda en el menú de usuario a la pestaña «Mis códigos» e introduzca el que aparece a continuación:

RASCAR PARA VISUALIZAR EL CÓDIGO

- ⊛ Una vez se valide el código, aparecerá una ventana de confirmación y su eBook y/o audiolibro estará disponible **durante 1 año desde su activación** en la pestaña «Mis libros» en el menú de usuario.

---

* Los audiolibros están disponibles en las ediciones más recientes de nuestras obras. Se excluyen expresamente las colecciones «Códigos comentados», «Biblioteca digital» y los productos de www.vademecumlegal.es.

No se admitirá la devolución si el código promocional ha sido manipulado y/o utilizado.

¡Gracias por confiar en nosotros!

La obra que acaba de adquirir incluye de forma gratuita la versión electrónica. Acceda a nuestra página web para aprovechar todas las funcionalidades de las que dispone en nuestro lector.

Funcionalidades eBook

Acceso desde cualquier dispositivo con conexión a internet

Idéntica visualización a la edición de papel

Navegación intuitiva

Tamaño del texto adaptable

Síguenos en:

LA FUNCIÓN PÚBLICA VALENCIANA EN EL ÁMBITO LOCAL TRAS LA ENTRADA EN VIGOR DE LA LEY 4/2021, DE 16 DE ABRIL

ANÁLISIS NORMATIVO, SENTENCIAS RELEVANTES Y RETOS DE FUTURO

LA FUNCIÓN PÚBLICA VALENCIANA EN EL ÁMBITO LOCAL TRAS LA ENTRADA EN VIGOR DE LA LEY 4/2021, DE 16 DE ABRIL

ANÁLISIS NORMATIVO, SENTENCIAS RELEVANTES Y RETOS DE FUTURO

Juan Isidro Martínez Pastor

Prologada por Victor Almonacid Lamelas
Secretario de Administración Local en Excedencia

COLEX 2025

Copyright © 2025

© Juan Isidro Martínez Pastor

© Editorial Colex, S.L.
Calle Costa Rica, número 5, 3.º B (local comercial)
A Coruña, 15004, A Coruña (Galicia)
info@colex.es
www.colex.es

I.S.B.N.: 979-13-7011-387-2
Depósito legal: C 1602-2025
DOI: https://doi.org/10.69592/979-13-7011-387-2

SUMARIO

CAPÍTULO I
LA FUNCIÓN PÚBLICA EN ESPAÑA, NORMATIVA APLICABLE EN EL ÁMBITO LOCAL EN LA COMUNIDAD VALENCIANA Y NUEVOS RETOS Y OBJETIVOS DE LA FUNCIÓN PÚBLICA VALENCIANA EN EL ÁMBITO LOCAL

CAPÍTULO II
PRINCIPIOS QUE INSPIRAN LA FUNCIÓN PÚBLICA VALENCIANA EN EL ÁMBITO LOCAL Y COMPETENCIAS PROPIAS EN MATERIA DE FUNCIÓN PÚBLICA

CAPÍTULO III
PERSONAL AL SERVICIO DE LA ADMINISTRACIÓN PÚBLICA LOCAL VALENCIANA

CAPÍTULO IV
ESTRUCTURA Y ORDENACIÓN DEL EMPLEO PÚBLICO LOCAL

CAPÍTULO V
NACIMIENTO Y EXTINCIÓN DE LA RELACIÓN DE SERVICIO EN EL ÁMBITO LOCAL

CAPÍTULO VI
DERECHOS DE LOS EMPLEADOS PÚBLICOS EN EL ÁMBITO LOCAL

CAPÍTULO VII
DEBERES DE LOS EMPLEADOS PÚBLICOS EN EL ÁMBITO LOCAL

CAPÍTULO VIII
PROVISIÓN DE PUESTOS, MOVILIDAD Y PROMOCIÓN PROFESIONAL EN EL ÁMBITO LOCAL

CAPÍTULO IX
SITUACIONES ADMINISTRATIVAS EN EL ÁMBITO LOCAL

CAPÍTULO X
RÉGIMEN DISCIPLINARIO DE LOS EMPLEADOS PÚBLICOS EN EL ÁMBITO LOCAL

EXPEDIENTES DE FUNCIÓN PÚBLICA

NORMATIVA LOCAL

INTRODUCCIÓN

La idea de escribir este libro me vino tras acabar un Curso de Posgrado de Función Pública en la UNED en julio de 2025. Estuve estudiando entre otros el TREBEP y la Ley 4/21, de 16 de abril de Función Pública Valenciana y al documentarme en relación al tema, puede ver que no había una obra que reflejase en profundidad la Función Pública en la Administración Local de la Comunidad Valenciana tras la Ley 4/2021 incluyendo jurisprudencia relevante y más en un momento crucial de cambio sustancial en todos los procesos de trabajo tras la llegada de la IA a la Administración Local y la necesidad de profesionalización e innovación del empleado público, unido a la creciente necesidad de implantar los procesos de Evaluación del Desempeño y Carrera Profesional en las Entidades Locales. También me ha influido mucho la opinión de excelentes profesionales de la Función Pública y la asistencia en los años 2024 y 2025 a algunos Congresos de Función Pública e Innovación en Administración Local, como son los de AEDIPE y NOVAGOB en octubre del 2024, el III Congreso Nacional de Gestión de Personas en la Administración Local de ANEXPAL en Vitoria en mayo de 2025, Jornadas de Carrera Profesional y Evaluación del Desempeño en los Ayuntamientos de Villajoyosa y El Campello y una Jornada excelente sobre la aplicación de la Inteligencia Artificial en la Administración Pública organizada en Valencia por Valencia Plaza en julio de 2025. Los autores de referencia que me han influido más han sido Mikel Gorriti Bontigui, Responsable de Recursos Humanos de la Dirección de Función Pública del Gobierno Vasco durante 25 años, Víctor Almonacid Lamelas, Secretario en Excedencia del Ayuntamiento de Alzira y gran especialista en la implantación de la IA en la Administración Local, Concepción Campos Acuña, Presidenta de Mujeres del Sector Público y Secretaria en Excedencia del Ayuntamiento de Vigo, también gran especialista en la IA y en general en temas de Administración Local y a nivel de Comunidad Valenciana destaca la gran labor que la Asociación Valenciana de Técnicos de Personal (AVTPAL) ha realizado en la formación y asesoramiento de sus asociados, a través de su Presidenta Trinidad Martínez Sanz, Jefa de Personal y RRHH del Ayto. del Campello en Alicante y su Vicepresidenta Mila Ortiz Torremocha, Jefa del Área de Personal del Ayuntamiento de Alzira y la actividad muy prolija e importante que en esta materia han realizado en el Ayuntamiento de Denia (Alicante), María Vicedo y Lorena Estruch, así como Ylenia Diaz Morán, Secretaria del Ayuntamiento de Riba-roja de Turia. La Función Pública es un tema apasionante que va a estar en boca de todos en los próximos 10 años con procesos de selección que se van a ir generando y que deben estar dirigidos por los principios de profesionalización y especialización del nuevo empleado público que se incorpore, así como la importancia de la Formación Continua ya incluida en el espíritu de la Ley 4/2021, de 16 de abril. Por último, no puedo olvidarme de las empresas Consultoras de Administración Pública que tanto han ayudado y están ayudando a las diferentes Administraciones en este proceso, como son Consultores de Gestión Pública con Manuel Fernández Martos y Haizea Corpa y NUTCO con Enrique Fernández Delgado.

Juan Isidro Martínez Pastor

PRÓLOGO

Víctor Almonacid Lamelas

Secretario de la Administración Local y Directivo Público Local.

Tengo el honor de prologar una excelente obra sobre función pública. Una función pública absolutamente condicionada por los retos de presente y de futuro que debe afrontar, así como por otros elementos novedosos que ya están impactando, como los cambios normativos de gran calado y las últimas tecnologías, especialmente la inteligencia artificial (IA). A nivel funcional ya estamos incorporando aplicaciones concretas de IA en el desempeño de las funciones públicas, como la automatización de trámites, la atención al público en su nivel más básico, la optimización de algunos flujos de trabajo y la toma de decisiones basada en datos. Si en el reparto de tareas nos autoasignamos el trabajo con verdadero valor añadido no tienen por qué sustituirnos las máquinas. Lo explicó perfectamente Xavier Marcet en su artículo «La suma de inteligencias», publicado en La Vanguardia, nada menos que el 12 de mayo de 2018 (la prehistoria en materia de IA «moderna»): «Pensemos más en términos de hibridación de que sustitución». Marcet defendía entonces (aún lo hace), que el futuro pasa por la suma de inteligencias y no por la sustitución de las personas por las máquinas. Supo ver que la IA haría mejor que las personas cosas muy concretas ya sean determinados automatismos o determinados análisis. Pero también es que las personas tienen una capacidad de contextualizar rápidamente que las máquinas no tienen. Las máquinas solamente pueden ser expertas, las personas en cambio pueden ser sabias.

Ante todo, la implementación de la IA en la administración pública representa un hito trascendental en la optimización de la eficiencia operativa y la mejora cualitativa de los servicios públicos. Nos encontramos en un punto de inflexión dentro del proceso evolutivo de la gestión pública, caracterizado por la necesidad impostergable de integrar herramientas de IA en los procedimientos administrativos y los servicios públicos. La Administración se rige por el principio de eficiencia. Claro que existen riesgos, pero el potencial disruptivo de la IA que deriva de su capacidad para automatizar tareas rutinarias, permite la reasignación de recursos humanos hacia funciones de gran valor estratégico y creativo. No podemos renunciar a este salto de calidad.

Además, la IA desempeña un rol determinante en la sistematización del análisis de datos, favoreciendo la toma de decisiones basada en criterios objetivos y evidencias empíricas, siempre que los datos utilizados hayan superado los filtros de calidad, por supuesto.

Esta transformación puede interpretarse como la culminación del proceso de digitalización administrativa, nuestra manida «transformación digital». Según la Comisión Europea, la administración electrónica implica el uso de las Tecnologías de la Información y las Comunicaciones (TIC) en el sector público, en sinergia con innovaciones organizativas y el desarrollo de nuevas aptitudes, con el propósito de optimizar los servicios públicos y fortalecer la participación democrática. En este contexto, el concepto clave es el de «nuevas competencias», las cuales trascienden la mera incorporación de tecnología y abarcan las denominadas *soft skills* (habilidades blandas). Estas competencias, propias de la inteligencia humana, constituyen el factor diferenciador respecto de la IA. El desarrollo de habilidades como la inteligencia emocional, la comunicación efectiva, la resolución de conflictos y el liderazgo no solo propicia una mejora en el desempeño profesional, sino que también contribuye a una adecuada cohabitación entre los sistemas automatizados y las «funciones humanas». El «talento» requerido para cada categoría de tareas es de naturaleza radicalmente distinto.

No es esta la realidad. Los estudios del Programa para la Evaluación Internacional de las Competencias de la Población Adulta (PIAAC) reflejan que solo el 13 % de los trabajadores emplea habilidades superiores a las que pueden ejecutar los sistemas computacionales. Esto pone de manifiesto que una gran proporción de los puestos actuales no generan valor agregado significativo. Sin embargo, la experiencia, la empatía y el juicio contextualizado son elementos insustituibles en la resolución de problemas complejos. Mientras que para realizar operaciones matemáticas simples basta con una calculadora, la solución de cuestiones administrativas y de servicio público en las que están involucrados derechos de las personas y el mismo interés general requiere una mente crítica, empática y analítica, capaz de interpretar matices y evaluar distintas variables simultáneamente.

En este sentido, los tradicionales criterios de selección de personal en la administración pública, basados en la memorización de normas y la resolución de test estandarizados, resultan anacrónicos. Si bien la formación técnica es imprescindible, el desempeño de funciones propias de la inteligencia humana, como las directivas y las de atención asistencial, requiere un equilibrio entre competencia técnica, experiencia, comunicación, sentido común y ética profesional. A la luz de los cambios en la naturaleza del trabajo administrativo, es fundamental revisar los criterios de selección y diseñar perfiles profesionales que se alineen con las nuevas necesidades organizativas. La renovación de las relaciones de puestos de trabajo (o quizá su simplificación, pasando a ser catálogos más ágiles), puede realizarse aprovechando el relevo generacional: es una oportunidad única para redefinir las competencias requeridas y fomentar un modelo de administración pública más eficiente y adaptable.

La materialización de los procesos de transformación digital exige un respaldo tanto político como técnico. En este marco, es imprescindible la existencia de una dirección pública profesional (DPP), personas con grandes capacidades para la gestión que sean seleccionadas en función de su idoneidad y competencia. Además, la gestión de la IA en el sector público requiere la incorporación de perfiles altamente especializados, tales como directores de proyectos, analistas de datos, expertos en *compliance*, ingenieros de *prompts* y responsables de protección de datos. Asimismo, los denominados puestos STEM *(Science, Technology, Engineering and Mathematics)* cobrarán una relevancia creciente, desplazando el tradicional predominio de perfiles administrativos y meramente jurídicos. No obstante, en el ámbito de la atención a la ciudadanía y otros puestos de trabajo que requieran de una gran interacción entre seres humanos, las habilidades relacionales seguirán siendo determinantes. Empatía, comunicación efectiva o capacidad de negociación son habilidades que, hasta la fecha, la IA no es capaz replicar.

Resulta fundamental establecer un sistema de interacción equilibrado entre humanos y máquinas, garantizando que las decisiones sigan estando en manos de profesionales cualificados. La tecnología debe permanecer en un plano instrumental y ejecutivo, mientras que el juicio humano debe prevalecer en la resolución de problemas complejos y la formulación de estrategias. En este contexto, la toma de decisiones basada en el análisis de datos se erige como una alternativa superior a las resoluciones arbitrarias fundamentadas en percepciones subjetivas. En síntesis, la incorporación de la IA en la administración pública ya es una realidad, con aplicaciones concretas en la automatización de trámites, la atención al ciudadano, la optimización de flujos de trabajo, e incluso en la misma acción de gobierno. La evolución hacia modelos predictivos y personalizados en la prestación de servicios constituye el siguiente paso en este proceso, aunque ya tenemos buenos ejemplos también de esta utilidad. Sin embargo, y aunque tiene sus riesgos (de otro tipo), lejos de representar una amenaza, la IA debe ser concebida como una herramienta complementaria a las capacidades humanas.

Este libro es una contribución imprescindible al estudio de la Función Pública Valenciana en la administración local, elaborada por quien reúne, en su trayectoria profesional y académica, rigor, experiencia y sensibilidad por el servicio público: Juan Isidro Martínez Pastor. Su análisis incisivo, exhaustivo y actual sobre la Ley 4/2021 y el resto del corpus jurídico que regula la función pública local en la Comunidad Valenciana convierte esta obra en referencia obligada para quienes buscan comprender, interpretar y aplicar la normativa en un contexto de profunda transformación institucional.

Quien suscribe estas líneas tiene el privilegio de conocer la tenacidad intelectual y la generosidad divulgadora de Juan Isidro. Su capacidad para abordar con solvencia tanto los fundamentos teóricos como las complejidades prácticas de la función pública queda reflejada en cada página. El momento no puede ser más idóneo: la administración local vive una auténtica «tormenta perfecta», con el reto demográfico del relevo generacional, la urgencia por modernizar procesos, y la irrupción de tecnología e inteligencia artificial que exige profesionales preparados y legislaciones adaptativas. Este libro guía, aclara y propone soluciones de futuro.

La estructura de la obra —desde sus orígenes históricos hasta los retos contemporáneos— permite al lector recorrer el desarrollo normativo, la realidad organizativa y las claves indispensables para navegar el laberinto administrativo local valenciano. Cada capítulo destila precisión técnica, pero también visión práctica y una continua voluntad de ser útil en el día a día del técnico de recursos humanos: se examinan tanto leyes estatales como autonómicas, sentencias relevantes, instrumentos de gestión y regulación local, y la imprescindible coordinación entre administraciones. Juan Isidro combina el análisis normativo con una mirada humanista, recordando que la función pública no se agota en la letra legal, sino que implica vocación, servicio y mejora continua.

En resumen, este libro no solo demuestra excelencia técnica, sino también compromiso con la transparencia, la profesionalización y el futuro de la administración local en la Comunidad Valenciana, ya que una buena función pública se traduce en un buen servicio público. Construyamos la Administración desde adentro hacia afuera. Este es un manual pensado para profesionales, estudiantes y decisores, pero también una invitación a todos a repensar el papel de la función pública ante los retos que se avecinan. Enhorabuena, Juan Isidro, por tu valentía intelectual y tu generosidad; tu trabajo será brújula y acicate para todos.

CAPÍTULO I

LA FUNCIÓN PÚBLICA EN ESPAÑA, NORMATIVA APLICABLE EN EL ÁMBITO LOCAL EN LA COMUNIDAD VALENCIANA Y NUEVOS RETOS Y OBJETIVOS DE LA FUNCIÓN PÚBLICA VALENCIANA EN EL ÁMBITO LOCAL

1.- La función pública en España y la importancia de su aplicación en la Administración Local valenciana

La Función Pública en España ha ido evolucionando desde su creación en el siglo XIX y con los Estatutos de López Ballesteros de 1824, de Bravo Murillo de 1852 y el de O´Donnell de 1866, eliminando progresivamente el sistema de cesantías y pasando a hablar de las categorías profesionales, de la carrera administrativa, pasando en el Estatuto de Maura de 1918 a tener un contenido mucho más completo de la Función Pública, incluyendo conceptos claves como el sistema de selección por oposición y la inamovilidad del funcionario público de carrera. Más adelante la Ley de Funcionarios Civiles del Estado de 1964 estableció el sistema transitorio hasta la promulgación de la Constitución Española de 1978, pasando con las Leyes 30/84 de medidas para la Reforma de la Función Pública y el Estatuto Básico del Empleado Público, Ley 7/2007, de 12 de abril (EBEP) y posterior Texto Refundido del Estatuto del Empleado Público aprobado por RDL 5/2015, de 30 de octubre (TREBEP), vigente en la actualidad.

A nivel de la Comunidad Valenciana, las cuatro normas postconstitucionales que han revolucionado la Función Pública has sido las siguientes:

1.- Ley 10/1985, de 31 de julio, de la Generalitat, de la Función Pública Valenciana: Fue la primera ley autonómica postconstitucional de Función Pública. Comenzaba la transferencia de competencias Estado-CCAA y la necesidad de realizar una regulación normativa del personal autonómico de la Comunidad Valenciana.

2.- Decreto Legislativo de 24 de octubre de 1995, del Consell, por el que se aprueba el Texto Refundido de la Ley de la Función Pública Valenciana: Su labor fue refundir las modificaciones que sufrió la Ley 10/85.

3.- Ley 10/2010, de 9 de julio, de Ordenación y Gestión de la Función Pública Valenciana: Fue la respuesta a la aprobación de la Ley 7/2007, del Estatuto Básico del Empleado Público (EBEP), la cual exigía la adaptación de las normativas autonómicas a lo estipulado con carácter básico en dicho Estatuto. Ya se comenzó a hablar en esta norma de la Evaluación del Desempeño y la Carrera Profesional y de la valoración del trabajo del funcionario cuantitativa y cualitativamente.

4.- Ley 4/2021, de 16 de abril, de la Generalitat, de la Función Pública Valenciana: En este caso la LFPV de 2021 sigue en el camino de la Ley anterior, adaptando y modernizando la Función Pública Valenciana y en este caso tras la publicación del Texto Refundido del Estatuto Básico del Empleado Público RDL 5/2015, de 30 de octubre, desarrollando su legislación básica.

Estas normas han sido cruciales para la Administración Local Valenciana y han condicionado el desarrollo de sus políticas en materia de Recursos Humanos y Función Pública. Nos encontramos en el año 2025 en una coyuntura en la que la mitad de los funcionarios de la Administración Local de la Comunidad Valenciana (y en general de las Administraciones Públicas) se van a jubilar en el plazo de 10 años. Ante esto nos viene una avalancha de plazas de empleo público a cubrir y la intervención de la Inteligencia Artificial en todos los procesos de trabajo va a innovar y profesionalizar los puestos de trabajo. Así los procesos de selección tenderán cada vez más a realizar una identificación eficaz del candidato al puesto de trabajo ofertado.

La normativa local, siempre en desarrollo de la normativa básica del Estado y de la normativa autonómica, cada vez va a ser más importante en temas como la Evaluación del Desempeño y Carrera Profesional. Algunos Ayuntamientos y Diputaciones ya tienen aprobado su Reglamento del Plan de Carrera Profesional en cumplimiento de lo acordado por ambas legislaciones de referencia y con la intervención de la actividad negociadora de los sindicatos.

2.- Normativa actual aplicable en la Administración Local valenciana

Constitución Española, Texto refundido del Estatuto del Empleado Público (TREBEP), Ley 7/1985, de 2 de abril, Reguladora de las Bases del Régimen Local (LBRL), Estatuto de Autonomía de la Comunidad Valenciana, Real Decreto 896/1991, de 7 de junio, por el que se establecen las reglas básicas y programas mínimos a que debe ajustarse el procedimiento de selección de los funcionarios de Administración Local Ley 4/2021, de 16 de abril de Función Pública Valenciana, Ley 8/2010, de 23 de junio, de la Generalitat, de Régimen Local de la Comunitat Valenciana y normativa Local (RPT, OEP, Acuerdos Condiciones de Trabajo, Reglamentos Internos de Organización, Reglamentos de Carrera Profesional):

- La normativa actual aplicable en la Administración Local Valenciana comienza en la propia **Constitución Española de 1978**, la cual, como norma fundamental del Estado, contiene 3 artículos fundamentales que tienen especial relación:

a.- El **art. 23,2**: «*Los ciudadanos asimismo tienen derecho a acceder en condiciones de igualdad a las funciones y cargos públicos, con los requisitos que señalen las leyes*». Este artículo concreta el genérico art. 14 de la CE de igualdad ante la ley al acceso a la Función Pública. Y se constituye como un derecho fundamental específico para el acceso al empleo público, constituye un límite a la posible arbitrariedad de la Administración en los procesos selectivos y al ser un derecho fundamental da lugar al recurso de amparo ante el TC.

b.- El **art. 103,3**: «*La ley regulará el estatuto de los funcionarios públicos, el acceso a la función pública de acuerdo con los principios de mérito y capacidad, las peculiaridades del ejercicio de su derecho a sindicación, el sistema de incompatibilidades y las garantías para la imparcialidad en el ejercicio de sus funciones*». Se proclama la reserva de ley para el estatuto de los funcionarios públicos, que contendrá aquellos puntos esenciales de su funcionamiento diario, cómo son su organización, personal, estructura, ordenación, nacimiento y extinción de la relación de servicio, derechos, deberes e incompatibilidades, provisión de puestos y movilidad, situaciones administrativas y régimen disciplinario. El art.103,3 especifica que la igualdad del art. 23,2 se consigue a través de los principios de mérito y capacidad.

c.- Artículo **149.1.18ª**: «*El Estado tiene competencia exclusiva sobre las siguientes materias: [...] las bases del régimen jurídico de las Administraciones públicas y del régimen estatutario de sus funcionarios que, en todo caso, garantizarán a los administrados un tratamiento común ante ellas; el procedimiento administrativo común, sin perjuicio de las especialidades derivadas de la organización propia de las Comunidades Autónomas; legislación sobre expropiación forzosa; legislación básica sobre contratos y concesiones administrativas y el sistema de responsabilidad de todas las Administraciones públicas*». En este artículo se establece la competencia exclusiva del Estado para fijar las bases del Régimen Estatutario de los Funcionarios Públicos. Posteriormente se plasmará en el Texto Refundido del Estatuto Básico del Empleado Público (TREBEP).Las CCAA podrán fijar su normativa propia respetando la legislación básica del Estado y desarrollar ese carácter de «básico» en todos los puntos que sea necesario.

- En segundo lugar, destaca el **Texto Refundido del Estatuto del Empleado Público (TREBEP)**, RDL 5/2015, de 30 de octubre, el cual en sus artículos 2 y 3 establece que se aplica a las Entidades Locales y que el personal funcionario de las EELL se rige principalmente por el TREBEP y por la legislación de las CCAA, respetando la autonomía local.

- En tercer lugar, el **artículo 63 del Estatuto de Autonomía de la Comunidad Valenciana** aprobado por Ley Orgánica 5/1982, de 1 de julio es el que específicamente se refiere a las entidades locales, estableciendo que: *«Las entidades locales comprendidas en el territorio de la Comunitat Valenciana administran con autonomía los asuntos propios, de acuerdo con la Constitución Española y este Estatuto».*

- **Ley 7/1985, de 2 de abril, Reguladora de las Bases del Régimen Local (LBRL)** establece en el **artículo 4. 1**. En su calidad de Administraciones públicas de carácter territorial, y dentro de la esfera de sus competencias, corresponden en todo caso a los municipios, las provincias y las islas: a) Las potestades reglamentaria y de autoorganización.

- **Real Decreto 896/1991, de 7 de junio**, por el que se establecen las reglas básicas y programas mínimos a que debe ajustarse el procedimiento de selección de los funcionarios de Administración Local.

- **Ley 8/2010, de 23 de junio, de la Generalitat, de Régimen Local de la Comunitat Valenciana,** la cual establece en su **artículo 28**. Reglamento Orgánico Municipal. 1. Los municipios podrán contar con un Reglamento Orgánico Municipal en el que se regule su organización y funcionamiento.

- En séptimo lugar la **Ley 4/2021, de 16 de abril de Función Pública Valenciana** es la norma autonómica por antonomasia en la Comunidad Valenciana y el **Artículo 3.1.d)** establece que la ley es de aplicación a las administraciones de las entidades locales de la Comunitat Valenciana, así como a los consorcios adscritos a las mismas, los organismos autónomos locales y las entidades públicas empresariales locales, con respeto a lo establecido en sus respectivos estatutos y en la normativa sectorial autonómica, en aquellos aspectos no reservados a la legislación del Estado, con las especificidades previstas en la disposición adicional décima de esta ley.

- Por último, la **normativa Local** (RPT, OEP, Acuerdos sobre Condiciones de Trabajo, Reglamentos Internos de Organización, Reglamentos de Carrera Profesional). Cómo acabamos de comentar el Artículo 28 de la Ley 8/2010, de 23 de junio, de la Generalitat, de Régimen Local de la Comunitat Valenciana: (Reglamento Orgánico Municipal) permite a los municipios contar con un **Reglamento Orgánico Municipal** en el que se regule su organización y funcionamiento. En el mismo, los ayuntamientos podrán completar la organización municipal, adaptándola a sus necesidades.

Este reglamento será obligatorio, en todo caso, para los ayuntamientos de más de 20.000 habitantes.

3.- Nuevos retos de la función pública valenciana en el ámbito local

Estamos en el año 2025, en un momento crucial en el que se van a producir cambios importantes y las Administraciones Locales de la Comunidad Valenciana tienen que responder a los mismos con rapidez para poder atender a sus ciudadanos con la mayor prestancia y eficiencia posible. Así los principales retos que se plantean son:

a.- Establecer una **estrategia de planificación de Recursos Humanos** de cara a afrontar la **próxima avalancha de jubilaciones** del personal empleado público de las Entidades Locales en la próxima década. Hay un traspaso generacional del baby boom a las nuevas incorporaciones y se van a jubilar en los próximos diez años los empleados públicos nacidos entre 1959 y 1969, lo que supone un millón y medio de jubilaciones en total en España y en el ámbito local en la Comunidad Valenciana va a superar en más del 40 % del total de los empleados actuales.

b.- **La implantación de la Evaluación del Desempeño y de la Carrera Profesional** es otro de los retos más importantes, ya que de su buen uso y planificación depende en parte la calidad del servicio, la productividad y la motivación del personal. En la empresa privada ya se llevan realizando desde hace varias décadas y hay que aprovechar la experiencia de la misma para adaptarlas a las características especiales de la Administración Local. Muchos Ayuntamientos y Diputaciones Provinciales de la Comunidad Valenciana ya han aprobado el Reglamento de Carrera Profesional y están en fase de implantación. Tenemos los ejemplos más claros en el Ayuntamiento de Valencia, Ayuntamiento de Alicante, Ayuntamiento de Benidorm y Ayuntamiento de Denia.

c.- Necesidad de **modernizar y simplificar los procesos de trabajo** en la Administración Pública Local. Por un lado **simplificar**, tras la aprobación de la Ley 6/2024, de 5 de diciembre, de la Generalitat, de simplificación administrativa, es imprescindible ponerse al día y así se pretende en esa Ley entre otras medidas la reducción de plazos de resolución de los procedimientos administrativos locales y una revolución con la entrada del silencio administrativo positivo.

Por otro lado, **modernizar**, ya que la Inteligencia Artificial Generativa ha venido para quedarse y transformar los métodos de trabajo y los conocimientos y habilidades que el personal empleado público tiene que tener.

d.- **Profesionalización** del personal empleado público de las AALL, a través de la **Formación continua** tanto en el personal actual como en el de nueva incorporación. En cuanto a las nuevas incorporaciones, se deben tener en cuenta en los procesos de selección que los criterios de mérito y capacidad tienen que ir cada vez más en esta línea, incluyendo pruebas de conocimiento tecnológico. En cuanto al personal actual hay que formarlo en estas herramientas de manera continua y como parte importante también de su mejora en los procesos de Evaluación del Desempeño anuales.

e.- Necesidad de **reforzar los recursos económicos y humanos necesarios** para poder implementar todas las medidas de evaluación, carrera, profesionalización del personal y modernización de los servicios, sobre todo en las Corporaciones Locales más pequeñas, dónde los servicios de Asistencia Técnica de Municipios de las Diputaciones tienen que ayudarlas a afrontar estos cambios. Sin su ayuda muchas de ellas no tienen medios para poder afrontar los nuevos retos.

CAPÍTULO II

PRINCIPIOS QUE INSPIRAN LA FUNCIÓN PÚBLICA VALENCIANA EN EL ÁMBITO LOCAL Y COMPETENCIAS PROPIAS EN MATERIA DE FUNCIÓN PÚBLICA

1.- En la legislación estatal básica: TREBEP (RDL 5/2015, de 30 de octubre)

- El artículo 52 del TREBEP establece los principios generales del desempeño del cargo de empleado público, entre los que se encuentran los de **objetividad, integridad, neutralidad, responsabilidad, imparcialidad, confidencialidad, dedicación al servicio público, transparencia, ejemplaridad, austeridad, accesibilidad, eficacia, honradez, promoción del entorno cultural y medioambiental, respeto a la igualdad entre mujeres y hombres** y los principios **éticos y de conducta**.

- El artículo 55 del TREBEP establece literalmente como principios rectores de acceso al empleo público y de adquisición de la relación de servicio los **principios constitucionales de igualdad, mérito y capacidad** (art. 55,1). Asimismo, en cuanto a los procedimientos de selección los principios rectores son (art. 55,2): a) **Publicidad de las convocatorias y de sus bases.** b) **Transparencia.** c) **Imparcialidad y profesionalidad de los miembros de los órganos de selección.** d) **Independencia y discrecionalidad técnica en la actuación de los órganos de selección.** e) **Adecuación entre el contenido de los procesos selectivos y las funciones o tareas a desarrollar.** f) **Agilidad**, sin perjuicio de la objetividad, en los procesos de selección.

2.- En la legislación de la Comunidad Valenciana: LFPV (L4/2021, de 16 de abril)

El art. 2 de la LFPV establece los siguientes principios:

a) **Servicio a la ciudadanía** y a los **intereses generales.** b) **Sometimiento pleno a la ley y al derecho.** c) **Economía, eficacia y eficiencia.** d) **Igualdad**

efectiva de mujeres y hombres, así como no discriminación en todas sus facetas, fomentando la conciliación de la vida personal, familiar y laboral y la corresponsabilidad en las tareas derivadas de la vida personal. e) **Objetividad, profesionalidad, transparencia, integridad, imparcialidad y austeridad**. f) **Desarrollo y cualificación profesional** permanente del personal empleado público. g) **Evaluación y responsabilidad en la gestión**. h) **Jerarquía** en la atribución, ordenación y desempeño de las funciones y tareas. i) **Negociación colectiva y participación**, a través de las y los representantes del personal empleado público, en la determinación de las condiciones de trabajo. j) Implementación de las **herramientas informáticas** necesarias para hacer efectivo el derecho de las personas físicas y la obligación, en su caso, de las mismas y del personal empleado público, de relacionarse electrónicamente con las administraciones públicas, así como para la prestación del servicio en condiciones adecuadas. k) **Ética profesional** en el desempeño del servicio público. l) **Igualdad, mérito, capacidad, publicidad y transparencia** en el acceso y en la promoción profesional. m) **Eficacia en la planificación y gestión** integrada de los **recursos humanos**, en particular, la ordenación y racionalización de los sistemas de acceso, la provisión de puestos de trabajo, la carrera profesional y el sistema retributivo. n) **Adecuación de los sistemas retributivos** a los puestos de trabajo y a las funciones y tareas desempeñadas. o) **Igualdad de oportunidades**, no discriminación y accesibilidad universal en el empleo público de las personas con discapacidad o diversidad funcional. p) **Cooperación y coordinación entre las administraciones públicas** en general y de la Comunitat Valenciana en particular, en la regulación y gestión del empleo público. q) **Promoción de la estabilidad** en el empleo público.

3.- Competencias de la Administración Local valenciana en materia de función pública

- **Autonomía y autoorganización** de las EELL: El art. 14 de la LFPV establece «Las **competencias** que esta ley atribuye a los órganos de la Administración de la Generalitat **en materia de personal**, se entenderán referidas a los correspondientes **órganos de las administraciones de las entidades locales**...». Tienen autonomía local en la gestión de la Función Pública de sus EELL. En cuanto a la tipología de Entidades Locales están las territoriales, que se dividen en Ayuntamientos, Diputaciones Provinciales y Comarcas y las no territoriales, que son las Entidades Locales Menores, las Mancomunidades de Municipios y Áreas Metropolitanas que se crean para la gestión de los servicios de grandes zonas urbanas, dónde hay varios municipios que aúnan funciones. Por tanto, les corresponde la Administración de los Recursos Humanos de la Entidad Local, que comprende, entre otras, las siguientes competencias en este tema:

- Procedimiento de **selección y provisión de puestos** (Título VII. Provisión de puestos).

- **Elaboración de las RPT** (Relaciones de Puestos de Trabajo). El **art. 79 de la LFPV** establece literalmente:

«Las relaciones de puestos de trabajo son el instrumento técnico a través del cual se realiza la ordenación del personal de cada administración pública, de acuerdo con las estructuras organizativas, y que comprende la totalidad de los puestos de trabajo existentes en su ámbito, debidamente clasificados, con expresión de sus características esenciales, los requisitos exigidos para su desempeño, el grupo o subgrupo de clasificación profesional, la forma de provisión y las retribuciones complementarias que les correspondan».

- Determinan su **régimen retributivo** con respeto a lo establecido en el TREBEP respecto al límite máximo establecido en los Presupuestos Generales del Estado (**art. 84,2 LFPV**).

- Elaborar su **normativa de Evaluación del Desempeño y Reglamentos de Carrera Profesional (art. 2.1.g LFPV)**

- **Derecho a la negociación colectiva** para aprobar las condiciones de trabajo de los empleados públicos. Está regulada la Mesa General de Negociación de Administración Local de la Comunitat Valenciana en el **art. 186,1, d) de la LFPV**, coordinada por la Administración de la Generalitat y que contará con representantes de las EELL a través de la FEMP. Se centrará en la negociación de aquellas materias susceptibles de regulación autonómica en materia de empleo público de conformidad con la competencia autonómica en materia de Régimen Local.

CAPÍTULO III

PERSONAL AL SERVICIO DE LA ADMINISTRACIÓN PÚBLICA LOCAL VALENCIANA

1.- Clases de empleados públicos en el ámbito local: funcionarios de carrera, funcionarios interinos, personal laboral, personal eventual

El art. 16,1 de la LFPV establece literalmente que «Es personal empleado público quien desempeña profesionalmente funciones retribuidas al servicio de los intereses generales en las entidades incluidas en el **art. 3,1 de la LFPV, la cual en el apartado d)** establece que la presente ley se aplica al personal funcionario, al personal laboral empleado público y al personal eventual en los términos y con las limitaciones previstas en el art. 20 de **las administraciones de las Entidades Locales de la Comunidad Valenciana**, así como a los consorcios adscritos a las mismas, los organismo autónomos locales y las entidades públicas empresariales locales.

El personal empleado público en el ámbito local se clasifica en personal **funcionario de carrera**, **personal funcionario interino**, **personal laboral**, ya sea fijo, por tiempo indefinido o temporal y **personal eventual (art. 16,2 LFPV)**.

En cuanto al concepto de cada tipo de personal viene establecido en:

- **Art. 17 LFPV:** Es personal funcionario de carrera quien, en virtud de nombramiento legal, se incorpora a la correspondiente Administración Pública... mediante una relación jurídica regulada por el derecho administrativo, para el desempeño de servicios profesionales retribuidos de carácter permanente.

- **Art. 18 LFPV:** Es personal funcionario interino quien, en virtud de nombramiento legal y por razones expresamente justificadas de necesidad y urgencia, presta servicios en una Administración Pública (...) mediante una relación profesional de carácter temporal, regulada por el Derecho Administrativo, para el desempeño de funciones atribuidas al personal funcionario de carrera.

En cuanto al personal funcionario interino, hay reiterada jurisprudencia reciente del Tribunal de Justicia de la Comunidad Europea y del Tribunal Supremo, que procede de la aplicación, entre otras, de la **Directiva 1999/70/CE** del Consejo Europeo. Paso a enumerar y comentar las sentencias más relevantes:

- **Sentencia de 13 de junio de 2024 del Tribunal de Justicia de la Unión Europea:** Esta reciente sentencia se habla del uso abusivo de las contrataciones temporales de los funcionarios interinos, que encadenan varios contratos temporales, cuando se superan los plazos que establece la legislación española para proveer la plaza y en realidad se convierte en una relación, más que temporal, de carácter permanente. Considera el Tribunal que debe tener una sanción clara indemnizatoria en la legislación nacional española en defecto de que no se pueda hacer fijos a los funcionarios interinos de la Administración Pública, ya que la legislación española lo impide (CE). Tal conversión de interino a fijo puede constituir una medida adecuada para sancionar de manera efectiva esa utilización abusiva de sucesivos contratos o relaciones de empleo de duración determinada, siempre que no implique una interpretación *contra legem* del Derecho nacional, como es el caso.

El Tribunal ha insistido en que pudiera ser una indemnización equiparable a la del despido improcedente (33/45 días por año de servicio), como una reparación adecuada al abuso. El TJUE recalca que la Ley 20/2021 (de estabilización) no siempre es suficiente para sancionar el abuso pasado.

- **Sentencia de la Sala de lo Contencioso-Administrativo del Tribunal Supremo de 25 de febrero de 2025 del recurso 4436/2024**, la cual establece que quien haya sido objeto de nombramientos temporales abusivos, si acredita haber sufrido perjuicios por esa causa, tendrá derecho a ser indemnizado en medida proporcionada a ellos o en la que establezca el legislador. Lo anterior no contradice la jurisprudencia del TJUE, pues no ha establecido que la conversión de interino a fijo como funcionario de carrera sea una medida exigida por el Acuerdo Marco, sino que puede serlo cuando no se oponga a ella el Derecho nacional. En España dicha medida iría en contra de lo establecido en la Constitución Española en el art. 103,3 en relación con el art. 23,2.

La **Sentencia de 11 de marzo de 2020, de la Sección 2.ª de la Sala de lo Contencioso Administrativo del TSJ Comunidad Valenciana** creó un precedente importante en el reconocimiento de derechos al personal funcionario interino al reconocerle que pueda percibir el complemento retributivo de carrera profesional.

2.- El personal directivo público profesional

La regulación del personal directivo público profesional en el ámbito local viene establecida en la Ley de Función Pública Valenciana 4/2021 en el Capítulo II del Título III de Personal al Servicio de las Administraciones Públicas, en los art. 21 al 27.

En el art. 21,2 se establece que se regirán por su normativa específica, **siéndoles de aplicación supletoria las disposiciones contenidas en el Capítulo II antes mencionado, el personal y los puestos de carácter directivo de:**

e) Las Entidades Locales de la Comunidad Valenciana.

El **Artículo 20.1 de la LRBRL** establece que la organización municipal se regirá por las siguientes reglas:

> «La organización complementaria de los municipios de régimen común se establecerá por el propio municipio, de conformidad con lo dispuesto en esta Ley y en las leyes de las comunidades autónomas sobre régimen local».

Por tanto, la norma principal para establecer el marco de la dirección pública profesional a nivel local es el **Reglamento Orgánico o de Función Pública Local, también la RPT** es esencial para determinar los puestos de trabajo de directivo público profesional y las Bases de la Convocatoria serán importantes para los procesos de selección y **supletoriamente la Ley de Función Pública valenciana 4/2021.**

Por ello todo lo que se expone a continuación se aplicará en defecto de lo establecido, si lo hay, en la norma propia de cada Entidad Local.

Se excluyen de la dirección publica profesional los puestos de nivel directivo que tengan la consideración de alto cargo (21,3 LFPV).

El régimen jurídico, su nombramiento y el de los puestos de trabajo será establecido por Decreto del Consell (21,4 LPFV).

En cuanto a las funciones directivas públicas profesionales de carácter ejecutivo susceptibles de ser desempeñadas por el personal directivo público profesional son (art. 22,1):

a) Las referidas al establecimiento y evaluación de objetivos.

b) La participación en la formulación y ejecución de programas y de políticas públicas adoptadas por los niveles de dirección política.

c) La planificación, coordinación, evaluación, innovación y mejora de los servicios y proyectos de su ámbito competencial.

d) La dirección de personas, gestión de recursos y ejecución del presupuesto en el ámbito de sus competencias.

e) La asunción de un alto nivel de autonomía y de responsabilidad en el cumplimiento de sus objetivos.

En estos momentos el nivel de implantación actual en la Administración Local de la Comunidad Valenciana de la figura del Directivo Público Profesional está en ciernes y se encuentra en una fase de desarrollo progresivo. Depende de la iniciativa de cada Ayuntamiento. La plena consolidación de este modelo requerirá tiempo y el compromiso de las administraciones locales.

Hay un ejemplo en el Ayto. de Orihuela que en julio de 2025 aprobó por Junta de Gobierno Local el Reglamento de Carrera Profesional y ya comenzó a nombrar 4 puestos directivos.

Las características fundamentales del puesto las establece el art. 23 de la LFPV y así quienes desempeñen ese puesto tienen que tener titulación universitaria de grado o titulación equivalente, así como acreditación de experiencia y conocimientos necesarios, podrán ser provistos esos puestos o bien por su propio personal funcionario de carrera o laboral fijo y en este caso tienen que pertenecer a cuerpos o escalas del Grupo A, subgrupo A1 y tener reconocido al menos un nivel de competencial 24 y una antigüedad de 10 años en dicho grupo o subgrupo, o bien por personal ajeno a las mismas, debiendo reflejarse estos términos en el instrumento de ordenación de personal de los puestos de trabajo de naturaleza directiva de la entidad local, (art. 22,1,2 y 3 LFPV).

En cuanto al **Instrumento de ordenación** de la Dirección Pública Profesional es la RPT de la Entidad Local y supletoriamente se regula en el art. 24 de la LFPV, en el cual entre otros temas se menciona que no será materia obligatoria de negociación colectiva, que la RPT tendrá carácter público y será publicada en el Diari Oficial de la Generalitat Valenciana y se registrará en el Registro de Personal Directivo Profesional en la Consellería correspondiente.

En cuanto al **procedimiento de designación**, el art. 25 de la LFPV establece que atenderá a los principios de publicidad, mérito, capacidad, transparencia e idoneidad de los aspirantes en atención al puesto a cubrir, se realizará mediante convocatoria pública, y se establecerán en él las competencias profesionales exigidas para su provisión y los criterios de idoneidad para la selección.

El nombramiento del personal directivo público profesional lo realizará en el ámbito local el Alcalde o Alcaldesa en los Ayuntamientos y el Presidente o Presidenta de la Diputación en las Diputaciones Provinciales.

Así el **artículo 21.1.h) de la LRBRL** establece entre las atribuciones del Alcalde:

h) Desempeñar la jefatura superior de todo el personal, y acordar su nombramiento y sanciones.

Así el **artículo 34.1.h) de la LRBRL** establece entre las atribuciones del Presidente de la Diputación:

h) Desempeñar la jefatura superior de todo el personal, y acordar su nombramiento y sanciones.

En cuanto a la **responsabilidad por la gestión**, el art. 26 de la LFPV habla de la Evaluación de los resultados y así el PDPP estará sujeto a evaluación periódica con arreglo a los criterios de eficacia y eficiencia, responsabilidad por su gestión y control de resultados en relación con las metas y objetivos fijados. Hay 4 criterios fundamentales para esa evaluación y son:

a.- Establecimiento y evaluación de objetivos

b.- Diseño, planificación y gestión de proyectos

c.- Dirección y gestión de personas.

d.- Gestión de recursos materiales, financieros o tecnológicos.

Las retribuciones del PDPP serán una parte fijas y otra variable en función del sistema de incentivos que se establezca por los resultados obtenidos en la gestión (art. 26,2 y 27,2 LFPV). No se podrá cobrar en este caso el complemento de actividad profesional establecido en el art. 87,2, c) de la LFPV. El PDPP formalizará su relación de servicios mediante el correspondiente nombramiento y se mantendrá en situación de servicio activo. (art. 27,3 LFPV)

Por último, en cuanto al **cese en el cargo** tendrá carácter discrecional y no dará derecho a indemnización alguna. Tendrán las mismas garantías previstas en la LFPV para el personal funcionario que cesa en puestos de trabajo por el procedimiento de libre designación. Hay reiterada jurisprudencia y doctrina respecto a la figura del PDPP. Recientemente en el año 2025 la Editorial *El Consultor de los Ayuntamientos* ha sacado el libro *La Dirección Pública Profesional: evaluación, selección y desempeño de los directivos públicos*, donde se recogen la selección y reclutamiento, las retribuciones y situaciones administrativas y la evaluación del desempeño del PDPP.

Cómo sentencia más relevante en esta materia del PDPP nos encontramos con la siguiente:

Sentencia del Tribunal Supremo n.º 1829/2019, de 17 de diciembre

Establece literalmente que la potestad de autoorganización, según declara el Tribunal Constitucional, es «inherente a la autonomía constitucionalmente garantizada» en el artículo 137 de la CE (entre muchas, STC 111/2016, de 9 de junio y STC 101/2017, de 20 de julio). En el mismo sentido, esta Sala Tercera, desde antiguo, venía señalando, que la «potestad de autoorganización de los Ayuntamientos es una de las manifestaciones más características de la autonomía municipal que comprende el establecimiento y regulación de las relaciones de ámbito interno, funcionalmente requeridas para el desenvolvimiento de la actividad cuya gestión autónoma se encomienda al Ente local» (STS de 21 de septiembre de 1998 recurso de casación n.º 7057/1992). La Entidad Local tiene competencia para regular el personal directivo incluido en su Reglamento Orgánico, siempre que su contenido respete los contornos que al respecto establecían la LBRL y el TREBEP, y con el infranqueable límite derivado de las materias con reserva de ley o reguladas por ley.

En definitiva, la regulación reglamentaria local podrá regular los aspectos propios de un sistema de organización, la autoorganización.

La normativa estatal más reciente en materia de Personal Directivo Público Profesional es:

- Los **artículos 123 a 127 del Real Decreto-Ley 6/2023, de 19 de diciembre**, por el que se aprueban medidas urgentes para la ejecución del Plan de Recuperación, Transformación y Resiliencia en materia de servicio público de justicia, función pública, régimen local y mecenazgo.

- La **Orden TDF/379/2024, de 26 de abril**, para la regulación de especialidades de los procedimientos de provisión de puestos del personal directivo público profesional y las herramientas para su gestión en el marco de lo dispuesto en el Real Decreto-ley 6/2023, de 19 de diciembre.

Según comenta Ana María Barrachina en *El Consultor de los Ayuntamientos Visión,* siguiendo al Tribunal Constitucional en su STC 103/2013 (rec. 1523/2004) el personal directivo profesional de las entidades locales sujetas al Título X de la LRBRL puede ser:

- Personal al que se le encomienda una función directiva de ejecución de programas: coordinadores generales y directores generales u órganos equivalentes.

- Personal al que se le encomienda una función material concreta: el titular de la Asesoría Jurídica.

- Personal al que se le encomienda la gestión centralizada de funciones públicas: titular del órgano de gestión tributaria.

- Personal directivo que forma parte del sistema de empleo público al acceder al mismo por los sistemas legales de provisión de puestos de trabajo: el Secretario General del Pleno, el titular del órgano de órgano a la Junta de Gobierno Local y al Concejal-Secretario de la misma, y el Interventor General municipal.

- Los máximos órganos de dirección de organismos autónomos locales y entidades públicas empresariales locales.

CAPÍTULO IV

ESTRUCTURA Y ORDENACIÓN DEL EMPLEO PÚBLICO LOCAL

1.- Cuerpos y escalas de la Administración Local. Cuerpos específicos de la Administración Local

El art. 36 de la Ley de Función Pública Valenciana establece que la estructura del empleo público y la clasificación del personal de las administraciones de las Entidades Locales se regirá:

1.- Por lo dispuesto en la legislación de Régimen Local aplicable

2.- Con respeto a la normativa estatal básica en materia de función pública (TREBEP)

3.- En lo no regulado se estará a lo establecido en la Ley de Función Pública Valenciana.

Así **el TREBEP establece en su artículo 75,** literalmente:

Cuerpos y escalas

1. Los funcionarios se agrupan en cuerpos, escalas, especialidades u otros sistemas que incorporen competencias, capacidades y conocimientos comunes acreditados a través de un proceso selectivo.

2. Los cuerpos y escalas de funcionarios se crean, modifican y suprimen por ley de las Cortes Generales o de las asambleas legislativas de las comunidades autónomas.

3. Cuando en esta ley se hace referencia a cuerpos y escalas se entenderá comprendida igualmente cualquier otra agrupación de funcionarios.

La Ley 4/2021, de 16 de abril, de la Generalitat, de la Función Pública Valenciana (LFPV) en sus art. 28 al 30, regula los cuerpos y escalas del personal funcionario de la Administración de la Generalitat Valenciana. Su aplicación a las entidades locales es de carácter supletorio. **Las Entidades Locales aplican la legislación básica estatal y su propia normativa (Reglamentos de Personal, Relaciones de Puestos de Trabajo)**. Solo en ausencia de regulación específica local o de la legislación básica, y siempre que no la contradiga, se **aplicaría supletoriamente la LFPV**.

El art. 28 de la LFPV establece que el personal funcionario de la Administración de la Generalitat se agrupa en cuerpos por razón del carácter homogéneo de las funciones a desempeñar en los puestos de trabajo a los que se pueden acceder y dentro de los cuerpos pueden existir escalas.

El artículo 29 de la LFPV habla de la creación, modificación y supresión de cuerpos, escalas y agrupaciones profesionales funcionariales de la Administración de la Generalitat, las cuales se realizan por Ley de las Cortes Valencianas, que determinarán:

- Denominación.

- Escalas incluidas.

- Grupo o subgrupo de clasificación profesional.

- Titulación o titulaciones exigidas para el acceso al cuerpo o escala.

- En su caso, otros requisitos de acceso.

Por último, el art. 30 de la LPFV menciona la Agrupación Profesional Funcionarial de la Administración de la Generalitat, para cuyo acceso no se requiere estar en posesión de ninguna de las titulaciones previstas en el sistema educativo y se integrará por personal funcionarial que desempeñará puestos de trabajo que tendrán atribuidas, con carácter general, funciones de:

- Control de acceso a instalaciones.

- Mantenimiento de material y mobiliario.

- Transporte de material y objetos no pesados.

- Reprografía y fotocopias.

- Clasificar y repartir correspondencia.

- Trasladar documentos y entregar notificaciones.

- Tareas de limpieza y ordenación de enseres.

- Tares de vigilancia y control en las instalaciones.

- Actividades de apoyo que se le encomienden.

En cuanto a los **cuerpos específicos de la Administración Local**, hay comunes a todas las Administraciones Locales de España y otros que se realizan por las Administraciones locales en función de su autonomía local, pero basándose en el TREBEP y en su propia RPT.

Los cuerpos comunes a todas las Administraciones Locales a nivel nacional son, por un lado, los **Funcionarios con Habilitación de Carácter Nacional (FHCN)**. En la Comunidad Valenciana se regulan por **Decreto 92/2021, de 9 de julio, del Consell Valenciano**, de regulación del personal funcionario con habilitación de carácter nacional, en el cual se establecen entre otros temas que sistema se establece para crear, clasificar y suprimir los puestos de trabajo que se reservan a los FHN, cómo se proveen los puestos, qué funciones tiene que desarrollar, las situaciones administrativas y cómo regular los servicios de ATM de las Diputaciones Provinciales para dar servicio a municipios pequeños o ELM sin puesto cubierto, sin capacidad económica, etc.

El art. 3 del Decreto 92/2021, de 9 de julio establece literalmente:

Artículo 3. Creación, clasificación y supresión de los puestos de colaboración reservados a personal funcionario con habilitación de carácter nacional

1. Mediante la modificación de su plantilla o relación de puestos de trabajo, **las entidades locales podrán crear discrecionalmente y suprimir**, de acuerdo con el que se indica en este artículo, por los procedimientos y con respeto a los derechos legalmente establecidos, **puestos de trabajo de colaboración reservados a personal funcionario con habilitación de carácter nacional** de la subescala y categoría que proceda, **para el ejercicio de funciones de colaboración con los puestos de secretaría, intervención o tesorería**. (...)

Por otro lado, tenemos dos cuerpos específicos de la Administración que son muy relevantes en los Ayuntamientos:

- **Cuerpo de Policía Local**: Está regulado en la Comunidad Valenciana por **Decreto 19/2003, de 4 de marzo**, del Consell de la Generalitat, por el que se regula la Norma-Marco sobre Estructura, Organización y Funcionamiento de los Cuerpos de Policía Local de la Comunidad Valenciana, y la **Ley 17/2017, de 13 de diciembre**, de coordinación de policías locales de la Comunitat Valenciana.

- **Cuerpo de Bomberos y Salvamento**: Tienen como normativa que los regula la **Ley 7/2011, de 1 de abril, de la Generalitat**, de los Servicios de Prevención, Extinción de Incendios y Salvamento de la Comunitat Valenciana y el **Decreto 163/2019, de 19 de julio, del Consell,** de establecimiento de las bases y los criterios generales para la selección, la promoción y la movilidad del personal de las escalas y las categorías de los servicios de prevención, extinción de incendios y salvamento de las administraciones públicas de la Comunitat Valenciana.

Se concretan estos cuerpos a través de las correspondientes Relaciones de Puestos de Trabajo y de las Plantillas Orgánicas

En relación al Cuerpo de Policía Local, hay una sentencia muy relevante **STC, Sala Primera, de 10 de febrero de 2025,** la cual estima el Recurso de Amparo que interpone un Policía Local del Ayuntamiento de Torrevieja y declara que se ha vulnerado el derecho fundamental del recurrente en amparo a la integridad física y moral (art. 15 CE), en relación con el derecho a la tutela judicial efectiva (art. 24.1 CE). Estos hechos eran imputables al Ayuntamiento de Torrevieja, por un lado, tanto por su conducta omisiva de incumplir la obligación positiva de prevenir, investigar y sancionar las actuaciones de acoso que recibía por parte de empleados públicos del Ayuntamiento, como por su propia conducta activa de hostigamiento y también al TSJ en la sentencia de apelación por el incumplimiento de su deber de control judicial de los derechos de integridad física y moral y tutela judicial efectiva.

En cuanto al Cuerpo de Bomberos, hay una **sentencia de 2023 del Juzgado de lo Contencioso Administrativo número 2 de Alicante** que es extrapolable al caso de los bomberos interinos que son cesados por no consolidar su plaza y reconoce el derecho a indemnización de 20 días por año de servicio por cese a un funcionario interino del Ayuntamiento de Alicante al finalizar su actividad por no lograr consolidar su plaza después de 15 años trabajando en el consistorio, después de que su plaza fuera ocupada por otra persona en un proceso de estabilización de la oferta de empleo público de 2016-2018.

Esta sentencia ha creado un precedente aplicable a todos los casos de funcionarios interinos que no consoliden y va más allá incluso de lo dispuesto en jurisprudencia reciente del Tribunal de Justicia de la Unión Europea y Tribunal Supremo de cara a abonar una compensación económica. Así el TJUE ha sugerido que una indemnización por cese, similar a la prevista para los despidos por causas objetivas en el sector privado (20 días por año), puede ser una medida adecuada para sancionar el abuso de la temporalidad en el empleo. La jurisprudencia del TJUE ha insistido en que **esta indemnización debe ser una sanción por el abuso de la temporalidad, y no solo un pago por el cese.**

El Tribunal Supremo ha dictaminado que el cese de una relación de personal indefinido no fijo por la cobertura de la plaza por un funcionario de carrera debe dar lugar al abono de una **indemnización de 20 días de salario por año trabajado**, con un límite de 12 mensualidades. Esta postura, si bien no abre la puerta a la fijeza, sí reconoce una compensación económica como resarcimiento por el tiempo de servicio prestado en una situación de temporalidad abusiva.

2.- Grupos y subgrupos de clasificación profesional

Tal y como hemos comentado antes en los cuerpos y escalas, en las Entidades Locales de la Comunidad Valenciana los grupos o subgrupos de clasificación profesional viene regulados según lo dispuesto en el art. 36 de la LFPV por lo dispuesto en la normativa local aplicable en sus Relaciones de Puestos de Trabajo (RPT) y Plantillas Orgánicas de cada Entidad Local con respeto a lo establecido en la legislación estatal básica del TREBEP en su art. 76 y en lo no regulado lo previsto en la legislación autonómica de la Comunidad Valenciana, en los art. 31 al 36 de la LFPV.

En las Relaciones de Puestos de Trabajo (RPT) y Plantillas Orgánicas de cada Entidad Local se establecen entre otros temas:

- Los diferentes puestos de trabajo en la entidad.

- El grupo o subgrupo de clasificación al que pertenecen.

- El tipo de personal (funcionario de carrera, interino, laboral, eventual).

- Los requisitos para su desempeño.

El artículo 76 del TREBEP se desarrolla y detalla en el art. 31 de la LFPV y los cuerpos y escalas se clasifican en los siguientes grupos:

- **Grupo A (art. 31,1)**, dividido en los subgrupos A1 y A2:

Para el acceso a los cuerpos o escalas del subgrupo A1 se requiere estar en posesión del título universitario de grado o bien licenciatura, ingeniaría superior o arquitectura, mientras que para el acceso a los cuerpos o escalas del subgrupo A2 se requiere estar en posesión del título universitario de grado o bien diplomatura, ingeniaría técnica o arquitectura técnica. Hay una particularidad y es que para el acceso a cuerpos o escalas cuyas funciones requieran el desempeño de profesiones reguladas, se exigirá estar en posesión de la correspondiente titulación que habilite para el ejercicio de la profesión.

Los puestos de trabajo que se clasifiquen para su provisión por el subgrupo A1 con carácter general tendrán funciones de planificación, asesoramiento, gestión, inspección, ejecución, control, evaluación, estudio y propuesta de carácter administrativo de nivel superior (art. 31,1, b).

Los puestos de trabajo que se clasifiquen para su provisión por el subgrupo A2 con carácter general tendrán funciones de colaboración en funciones administrativas de nivel superior y tareas propias de inspección, evaluación y gestión administrativa no específicas de personal técnico superior.

- **Grupo B (art. 31,2)**:

Para el acceso a los cuerpos o escalas del grupo B se exigirá estar en posesión del título de técnico o técnica superior de formación profesional que corresponda, atribuyéndoles funciones técnicas para cuyo desempeño se requiera una titulación de técnico superior.

- **Grupo C (art. 31,3)**:

Se divide en los subgrupos profesionales C1 y C2, según la titulación exigida para el ingreso. Así:

+ C1: Título de Bachiller o técnico o técnica de FP y realizarán funciones de colaboración, preparatorias o derivadas de las propias del cuerpo superior, así como realización de procedimientos normalizados no atribuidos a los de cuerpos superiores, ofimática, atención al cliente etc.

+C2: Título de Graduado en la ESO y realizarán funciones de carácter complementario o instrumental en las áreas de actividad administrativa, así como tareas ofimáticas y de despacho de correspondencia, atención al público, etc.

El art. 35 de la LFPV establece que el personal laboral al servicio de las AAPP se clasificará de conformidad con su normativa específica, y así la organización y clasificación detallada se encuentra en su **Relación de Puestos de Trabajo (RPT)**, en el **Convenio Colectivo** específico que le aplica y en la **normativa laboral**. Así también el **TREBEP** y el **Estatuto de los Trabajado-**

res establecen las bases legales para la clasificación, y la **Ley de la Función Pública Valenciana** lo desarrolla para el ámbito autonómico. La Ley 20/2021, de 28 de diciembre, de Medidas Urgentes para la reducción de la temporalidad en el empleo ha creado procesos de estabilización del empleo público en el que se pretende ir cambiando la situación precaria de los contratados en muchos casos.

3.- Ordenación y catálogo de los puestos de trabajo (art. 37 al 50 de la LFPV): Puestos de trabajo de naturaleza funcionarial, de naturaleza laboral y de naturaleza eventual

En el art. 37 de la LFPV tenemos el concepto de puesto de trabajo. Es la unidad básica de la estructura administrativa del empleo público y el conjunto de funciones, tareas u otras responsabilidades encomendadas a cada empleado o empleada y para cuyo adecuado desempeño es exigible un determinado perfil de competencias profesionales.

En cuanto al análisis de puestos de trabajo el art. 38 de la LFPV establece que sus funciones son entre otras:

- Suministrar información de las tareas de los puestos y personal que lo desempeña en relación con las competencias requeridas para el correcto desempeño.

- Diagnóstico y diseño del resto de herramientas de organización y gestión de RRHH para la Administración Pública Local. Actúa como instrumento de planificación en el empleo público.

El resultado de los Análisis de Puestos de Trabajo (APT) obrarán en poder del órgano competente de empleo público de cada Administración Pública y deberá estar a disposición de las organizaciones sindicales de su ámbito y del personal empleado público de las Entidades Locales.

El art. 40 de la LFPV habla de la Agrupación de Puestos de Trabajo. En las Entidades Locales el proceso de agrupación de puestos se realiza como parte del Análisis de Puestos de Trabajo (APT) y la posterior Valoración de Puestos de Trabajo (VPT). Son instrumentos para la ordenación de los procesos de selección de personal y provisión de puestos de trabajo, así como para la formación y carrera profesional (art. 40,1).

La **agrupación de puestos tiene como objetivos en la Administración Local**:

- Simplificar la gestión de los puestos de trabajo, al sintetizar los procesos de selección y provisión al tener criterios comunes.

- A nivel retributivo, permite dar la misma retribución a los empleados públicos en puestos de similares características y requisitos y funciones.

- Permite a la Administración Local tener una visión estratégica de futuro, respecto a sus necesidades de personal y definición de grupos para nuevas incorporaciones.

En cuanto a los **puestos de naturaleza laboral** el art. 40,4 de la LFPV establece que las Entidades Locales podrán determinar sus propias agrupaciones de puestos de trabajo, de acuerdo con lo establecido en su normativa específica.

¿Cómo se crean, modifican o suprimen los puestos de trabajo en la Administración Local?

Se reflejan en las Relaciones de Puestos de Trabajo u otros instrumentos de ordenación. La propuesta motivada de creación, modificación o supresión se hace por el Departamento de Recursos Humanos de la Entidad Local, a continuación, se negocia con las organizaciones sindicales que representan a los empleados públicos en la Mesa de Negociación, posteriormente se aprueba por el órgano competente, que en el Ayuntamiento mediano o pequeño es el Pleno, en los municipios de gran población, en la Junta de Gobierno Local y en las Diputaciones en el Pleno de la Diputación.

Es fundamental que los presupuestos de las Entidades Locales reflejen los créditos correspondientes a las RPT (art. 41,3 LFPV).

La clasificación de los puestos de trabajo (art. 42,1 LFPV) es el procedimiento por el que, previo análisis de cada puesto, se determina su posición organizativa, su contenido funcional y los requisitos para su desempeño.

La resolución de clasificación de puestos de trabajo contendrá, al menos, los siguientes elementos:

- Número.
- Denominación.
- Naturaleza jurídica.
- Clasificación profesional en uno o varios grupos o en una agrupación profesional.
- Retribuciones asignadas.
- Forma de provisión.
- Adscripción orgánica.
- Localidad o movilidad geográfica.
- Requisitos para su provisión.

En cuanto a las **clases de puesto de trabajo en la Administración Local** se recogen en el **art. 8 del TREBEP** y el **artículo 43 al 46 de la Ley de Función Pública Valenciana** y son:

- De naturaleza **funcionarial de carrera o interino**. Estos puestos se caracterizan porque su desempeño implica la participación directa o indirecta en el ejercicio de las potestades públicas o en la salvaguarda de los intereses generales (**art. 44,1 LFPV**). Así también viene reflejado en el **artículo 92,2 y 3 de la Ley 7/85, de 2 de abril, de Bases de Régimen Local**: Funcionarios al servicio de la Administración local.

Art. 92,2. Con carácter general, los puestos de trabajo en la Administración local y sus Organismos Autónomos serán desempeñados por personal funcionario.

Art. 92,3. Corresponde exclusivamente a los funcionarios de carrera al servicio de la Administración local el ejercicio de las funciones que impliquen la participación directa o indirecta en el ejercicio de las potestades públicas o en la salvaguardia de los intereses generales. Igualmente son funciones públicas, cuyo cumplimiento queda reservado a funcionarios de carrera, las que impliquen ejercicio de autoridad, y en general, aquellas que, en desarrollo de la presente Ley, se reserven a los funcionarios para la mejor garantía de la objetividad, imparcialidad e independencia en el ejercicio de la función.

- De naturaleza **laboral**, fijo, por tiempo indefinido o temporal, sin que supongan la partición directa o indirecta en el ejercicio de potestades públicas (art. 45,1)

- De naturaleza **eventual**, cuya clasificación contendrá el número de puesto, su denominación, naturaleza y adscripción orgánica, así como las funciones y retribuciones que le correspondan (art. 46).

4.- Las relaciones de puestos de trabajo

Vienen recogidas en los artículos 47 al 50 de la LFPV y el concepto de RPT es el instrumento técnico a través del cual la Administración Local organiza, racionaliza y ordena su personal para una eficaz prestación del servicio público.

Todos los puestos deben de estar dotados económicamente (art.47,2 LFPV). Por último, la Administración de la Generalitat podrá colaborar con las Entidades Locales que no cuenten con recursos suficientes para la elaboración de su RPT (art. 47,3 LFPV).

La RPT ha de incluir todos los puestos de trabajo existentes de carácter funcionarial, laboral y eventual existentes. Incluirán (art. 48,2 LFPV):

- Número.
- Denominación.
- Naturaleza jurídica.
- Clasificación profesional en un grupo, subgrupo o agrupación profesional.
- Retribuciones.

- Forma de provisión.

- Adscripción orgánica.

- Localidad o movilidad geográfica.

- Requisitos para su provisión.

- Competencia lingüística.

- Funciones.

- Méritos.

- Pertenencia a una agrupación de puestos, en su caso.

- Porcentaje de jornada, en su caso.

- Cualquier otra circunstancia relevante para su provisión.

En cuanto a la **competencia y procedimiento** para la **elaboración, tramitación y aprobación de las RPT de las Entidades Locales** (art.49 LFPV):

- La **elaboración técnica** recae en el Departamento de Recursos Humanos que son los que tienen la competencia funcional y la capacidad técnica para ello,

- La **tramitación** se realiza en el propio Dpto. de RRHH,

- Pasa a la fase de **negociación sindical** en la Mesa de Negociación Local,

- A continuación, pasa a la **fase de Informe de legalidad** que la realiza tanto el Secretario Municipal o Dpto. Jurídico en cuanto a la legalidad de la RPT a la normativa vigente y el Dpto. de Intervención en cuanto a la legalidad dentro del Presupuesto Municipal, a nivel retributivo y si es sostenible o viable económicamente para el Ayuntamiento.

- La **aprobación** de la RPT la realiza el Pleno del Ayuntamiento o Junta de Gobierno Local en Ayuntamientos de Gran Población y el Pleno de la Diputación en la Diputación Provincial

- Hay un **control interno** por parte de la Intervención Municipal continuo en el tiempo y un **control externo** por parte de la Sindicatura de Comptes de la Generalitat Valenciana a posteriori de la aprobación de la RPT, aunque también la **Subdelegación del Gobierno** tiene capacidad para impugnar judicialmente las RPT que considera ilegales. Esta última no realiza un control de todas las RPTs, sino que actúa cuando tiene conocimiento de posibles ilegalidades que afectan a la normativa estatal. Requerirá al Ayuntamiento para que anule o revise la RPT y si no accede a ello, podrá interponer un recurso contencioso administrativo en vía judicial.

Por último, está la **fase de publicación oficial** de la RPT en el Boletín Oficial de la Provincia dónde esté el Ayuntamiento, Diputación etc. y obligatoriamente también en la Sede Electrónica y en el Portal de Transparencia de la Entidad Local.

Entrará en vigor la RPT al día siguiente de su publicación en el Boletín Oficial de la Provincia.

En cuanto a los ejemplos de Ayuntamientos en los que se ha acordado la anulación de las RPT, consta el Ayto. de Onda, Ayto. de La Nucía y el Ayto. de San Vicente del Raspeig (Alicante). Esta anulación puede afectar a procesos selectivos de acceso libre o promoción interna y los motivos por los que se pueden anular esas RPT son, entre otros: falta de informes preceptivos o informes desfavorables por infracción de preceptos legales, falta de negociación colectiva, incumplimientos de los límites presupuestarios, irregularidades en la valoración de puestos de trabajo, etc.

5.- Instrumentos de planificación y ordenación del empleo público local

Planes de Ordenación de Recursos Humanos y Oferta de Empleo Público (**Sentencia TS 930/2025, de 9 de julio**, plazo improrrogable de 3 años para la OPE para que se desarrolle íntegramente dentro de ese plazo).

Las Entidades Locales deben adecuar su planificación del empleo público local a la legislación básica estatal (TREBEP) y a la legislación autonómica de la Comunidad Valenciana (LFPV 4/2021). Los instrumentos de planificación y ordenación del empleo público local son:

a.- **Los Planes de Ordenación de Recursos Humanos** (art. 51 y 52 LFPV):

Tienen como objetivo la consecución de la eficacia en la prestación de los servicios a la ciudadanía y la eficiencia en la utilización de los recursos personales, económicos, materiales y tecnológicos disponibles. (art. 51.1 LFPV)

Podrán contener al menos (art. 52,1 LFPV):

- Análisis de las cargas administrativas de las diferentes unidades y puestos de trabajo, así como las disponibilidades y necesidades de personal.

- Previsiones sobre los sistemas de organización del trabajo, modificaciones de estructuras de puestos y la reordenación del tiempo de trabajo.

- Medidas de teletrabajo y flexibilización de la localización del puesto de trabajo.

- Medidas de movilidad (Movilidad forzosa, redistribución de efectivos, etc.).

- Medidas de promoción interna, de formación de personal y de orientación profesional.

- Incentivos a la excedencia voluntaria y a la jubilación anticipada.

- La previsión de la incorporación de Recursos Humanos a través de la oferta de empleo público.

En cuanto al **procedimiento de elaboración y aprobación de los PORH** empieza con el estudio de la situación actual y de futuro de los RRHH en la Entidad Local, la elaboración del Plan con las medidas y previsiones adecuadas al mismo, la negociación con los sindicatos, la realización del correspondiente informe jurídico y técnico de idoneidad y la aprobación por el Pleno del Ayuntamiento, por la Junta de Gobierno Local o por el Pleno de la Diputación Provincial, en su caso, la publicación en el Boletín Oficial de la Provincia correspondiente y su entrada en vigor al día siguiente de su publicación.

El plazo de vigencia se establecerá en el mismo, aunque suele ser plurianual.

b.- El **Plan Estratégico de Recursos Humanos** (art. 53 LFPV):

A diferencia del Plan de Ordenación de Recursos Humanos, que establece medidas muy concretas, en el Plan Estratégico de Recursos Humanos se marcan las líneas generales de actuación a medio plazo al aprobarse cuatrienalmente, no tienen carácter vinculante a diferencia de la Oferta de Empleo Público o la Relación de Puestos de Trabajo y deberá llevarse a la mesa de negociación con las organizaciones sindicales con representación, incluyendo:

- Análisis de disponibilidades de personal.

- Previsión de las necesidades de RRHH.

- Objetivos generales de la política de RRHH en la EL.

- Medidas de coordinación entre Departamentos o interadministrativa.

- Mecanismos de evaluación sistemática y continuada del Plan.

Las **entidades locales**, en función de lo establecido en el art. 53,2 de la LFPV, **deberán elaborar cuatrienalmente un Plan estratégico de Recursos Humanos, siempre que haya 50 o más empleados públicos en la Entidad**.

c.- El **Plan Operativo de Recursos Humanos** (art. 54 LFPV):

Se establecen en desarrollo de las previsiones del Plan estratégico, para el cumplimiento de los objetivos que se fijen. Se publica en el Boletín Oficial de la Provincia dónde esté situada la Entidad Local.

d.- **La Oferta de Empleo Público** (art. 55 LFPV) (Sentencia 930/2025, de 9 de julio, plazo improrrogable de 3 años para la OPE para que se desarrolle íntegramente dentro de ese plazo):

La Oferta de Empleo Público consiste en la previsión anual de necesidades de personal con consignación presupuestaria que no puedan ser cubiertas con los efectivos existentes o están cubiertas por personal temporal de los art. 18,2 LFPV (Funcionario Interino) o del 19,5 de la LFPV (Personal eventual). Se aprueba por el Alcalde o Alcaldesa o por el Presidente de la Diputación, en su caso. Aprobada la OEP se convocarán en el plazo máximo fijado en la misma los correspondientes procesos selectivos para la cobertura de las vacantes incluidas y hasta un 10% adicional.

En cuanto a los **plazos para la OEP**, el art. 55,3 de la LFPV establece:

- La **OEP** deberá efectuarse en el plazo de **3 meses desde la publicación de la correspondiente Ley de Presupuestos.**

- Los **procedimientos selectivos** deberán convocarse dentro de los **3 meses siguientes a la aprobación de la OEP.**

- Las **convocatorias** deberán determinar la **fecha de inicio de la primera prueba selectiva**, la cual no podrá exceder de un **plazo de 3 meses desde la convocatoria.**

- Las **pruebas deberán estar finalizadas en el plazo de 1 año a contar desde la convocatoria.**

En la Comunidad Valenciana destaca la **Sentencia del TSJ de la Comunidad Valenciana, Sala de lo Contencioso-administrativo, Sección 2ª, S de 23 de noviembre de 2023**, en la que se establece que la **caducidad de la OEP** en un Ayuntamiento (El de Alicante) se rige por el principio de que la exigencia del **art. 70 del TREBEP** se cumple cuando se convoquen los procesos selectivos en el plazo de 3 años desde la aprobación de la Oferta de Empleo Público y no que los procesos selectivos estén completamente concluidos antes de dicho plazo.

Sin embargo, posteriormente hay una sentencia muy reciente de la Sala de lo Contencioso Administrativo del **Tribunal Supremo, Sentencia 930/2025, de 9 de julio**, en la que declara que el **plazo de 3 años** del art. 70 del Estatuto Básico del Empleado Público para ejecutar la OPE se cumple cuando el proceso selectivo convocado **se desarrolla íntegramente dentro de este plazo, mediante la adjudicación de las plazas a los aspirantes que hayan superado dicho proceso selectivo.**

e.- **Registro de Personal de Entidades Locales** (art. 56 y 59 LFPV):

El art. 56,1 de la LFPV establece que las Entidades Locales dispondrán de un **Registro de Personal** como registro administrativo electrónico. Cuando las EELL no cuenten con la debida capacidad financiera o técnica, la Administración de la Generalitat cooperará con aquellas, de acuerdo con lo establecido en la normativa básica estatal (art. 56,3 LFPV).

El art. 59 de la LFPV establece que el Departamento de la Generalitat competente en materia de Administración Local se creará un **Registro de Puestos de Trabajo** en el que se incluya la totalidad de puestos existentes en las Entidades Locales de la Comunidad Valenciana. Mediante Decreto del Consell se establecerá la organización, contenido y funcionamiento del mismo, previendo las medidas que garanticen la conexión y la **coordinación con los registros de personal de las Entidades Locales.**

CAPÍTULO V

NACIMIENTO Y EXTINCIÓN DE LA RELACIÓN DE SERVICIO EN EL ÁMBITO LOCAL

1.- Principios de selección

Hay que distinguir:

- Los **principios constitucionales**, que se encuentran recogidos en los art. 23,2 y 103,3 CE, que son los de igualdad, mérito y capacidad,

- Los **principios recogidos en el art. 55 del TREBEP**: Publicidad de las convocatorias, transparencia, imparcialidad de los miembros de los órganos de selección, independencia y discrecionalidad técnica en la actuación de los órganos de selección, adecuación entre el contenido de los procesos de selección y las funciones y agilidad en los procesos de selección,

- Los **principios recogidos en el art. 60 de la LFPV**: Todos los recogidos anteriormente en la CE y el TREBEP y además eficacia y eficiencia, igualdad de oportunidades entre ambos sexos y accesibilidad universal.

2.- Requisitos de acceso

El art. 62 de la LFPV establece como requisitos:

- Tener la nacionalidad española u otra que permita según lo dispuesto en el art. 63 el acceso a la función pública, que habla de nacionales de los estados miembros de la Unión Europea, teniendo que acreditarse un conocimiento adecuado del castellano, acreditar asimismo la competencia lingüística en los conocimientos del valenciano que se determine y una vez que superen las pruebas selectivas aportarán una declaración responsable en la que manifestarán tener las capacidades y aptitudes físicas y psíquicas necesarias para el desempeño de las funciones (art. 62,1).

- Haber cumplido 16 años y no exceder de la edad máxima de jubilación forzosa.

- Poseer las capacidades y aptitudes físicas y psíquicas necesarias para el desempeño de las funciones.

- No haber sido separado del servicio como personal funcionario de carrera o haberse revocado su nombramiento como funcionario interino con carácter firme ni estar inhabilitado por sentencia firme para el ejercicio de cualquiera de las funciones públicas.

- En el caso del personal laboral, no hallarse inhabilitado por sentencia firme o por ser despedido disciplinariamente de forma procedente, para ejercer funciones similares a las propias de la categoría profesional a la que se pretende acceder.

- Respecto a las personas con discapacidad o diversidad funcional (art. 64 LFPV) en todas las ofertas de empleo deberá reservarse un cupo no inferior al 10 % de las vacantes para ser cubiertas entre personas con discapacidad o diversidad funcional.

3.- Sistemas de selección

Los sistemas de selección aplicables al **personal funcionario de carrera y laboral fijo** de las Entidades Locales de la Comunidad Valenciana vienen establecidos en el art. 61 del TREBEP, en el art. 65 de la LFPV, en el Real Decreto 896/1991, de 7 de junio, por el que se establecen las reglas básicas y programas mínimos a los que debe ajustarse el procedimiento de selección de los funcionarios de Administración Local y en el Decreto 3/2017, de 13 de enero, del Consell, por el que se aprueba el Reglamento de selección, provisión de puestos de trabajo y movilidad del personal de la función pública valenciana y, en lo que no se oponga a la LFPV y son los de **Oposición, Concurso o Concurso-Oposición**. Tiene preferencia el sistema de Concurso y según el art. 65,2 de la LFPV debe reservarse para la tramitación por este procedimiento el 50 % de los puestos de la oferta pública de empleo anual, en el conjunto de empleo público de la Generalitat Valenciana.

- La Oposición consistirá en la realización de una o más pruebas de capacidad adecuadas para determinar la aptitud de cada aspirante en relación con las funciones y tareas a desempeñar.

- El Concurso consiste exclusivamente en la valoración de los méritos conforme al baremo previamente aprobado.

- El Concurso-Oposición consiste en la sucesiva celebración de los dos procedimientos anteriores dentro del proceso de selección.

El art. 8,4 del Decreto 3/2017, de 13 de enero establece literalmente que «En cualquier caso, la máxima puntuación que pueda obtenerse en la fase de concurso no excederá nunca de un 40 por ciento de la puntuación total del concurso-oposición»

Las pruebas podrán completarse con la superación de cursos, de duración no superior a los 6 meses en los puestos de trabajo del Grupo A y de 3 meses en el resto de grupos o bien con la superación de una prueba que acredite el conocimiento de una o varias lenguas comunitarias, periodos de prácticas etc.

En cuanto a los **procesos de selección de personal temporal en las Entidades Locales de la Comunidad Valenciana,** hay que destacar que las EELL tienen plena autonomía para crear las Bolsas de Empleo, pero siempre con cumplimiento de la normativa básica del Estado TREBEP y la autonómica LFPV. Así lo establece el art. 4,1, a) de la Ley 7/1985, de 2 de abril, Reguladora de las Bases del Régimen Local, que señala:

«En su calidad de Administraciones públicas de carácter territorial, y dentro de la esfera de sus competencias, corresponden en todo caso a los municipios, las provincias y las islas: a) Las potestades reglamentaria y de autoorganización (...)».

- **Personal funcionario interino**: Se basa en la creación y gestión de bolsas de empleo, a través de dos vías:

1.- Haber participado en un proceso de oposición para una plaza de funcionario de carrera y haber superado al menos una parte de las pruebas, sin haber obtenido plaza es la forma más general de formar parte de una Bolsa de Empleo.

2.- Cuando no hay bolsas creadas, se crea una Bolsa concreta para cubrir necesidades urgentes y no permanentes y consisten en la superación de pruebas o en la valoración de méritos.

- **Personal laboral no fijo**: Se establece también a través de bolsas de empleo, en las que se pueden crear procesos de selección para personal laboral temporal o bien listas de espera, en las que el aspirante que se presentó a personal laboral fijo, aprobó alguna de las fases, pero no obtuvo plaza, puede pasar a una lista de espera para ser contratado como personal laboral temporal.

- **Personal eventual**: Su nombramiento no pasa por procesos de selección públicos, sino que hay libre designación y cese automático cuando la persona que lo nombró cesa en su cargo también.

El Área de Economía del periódico *El País* ha publicado el 21 de julio de 2025 la noticia de que el Gobierno de España está elaborando un proyecto de reforma del procedimiento de selección del personal empleado público, centrado fundamentalmente en las categorías A1 y A2, que se traduce en impartir a aquello aspirantes a funcionarios que hayan obtenido las **mejores calificaciones** en el examen de la **oposición, un master de 2 años** y posteriormente al mismo **un examen final**, que decidirá que personas obtienen las plazas. Hay detalles que faltan por pulir y se negociará con los sindicatos en una fase posterior. Se mantendrán las pruebas clásicas de la fase de oposición de cada cuerpo y escala, con el fin de determinar la aptitud y establecer un orden de prelación entre los aspirantes. La Asociación de Inspectores de Hacienda ha señalado que esta medida atenta contra la objetividad, el mérito y la capacidad.

4.- Órganos de selección en el ámbito local

El **art. 60 del TREBEP** establece los órganos de selección. 1. Los órganos de selección serán colegiados y su composición deberá ajustarse a los principios de imparcialidad y profesionalidad de sus miembros, y se tenderá, asimismo, a la paridad entre mujer y hombre. 2. El personal de elección o de designación política, los funcionarios interinos y el personal eventual no podrán formar parte de los órganos de selección. 3. La pertenencia a los órganos de selección será siempre a título individual, no pudiendo ostentarse ésta en representación o por cuenta de nadie.

A nivel de la Comunidad Valenciana vienen recogidos los órganos de selección en el **art. 67,1 de la LFPV**, los cuales son órganos colegiados y compuestos exclusivamente por personal funcionario, salvo cuando se trate de seleccionar personal laboral, en cuyo caso podrá estar compuesto **además** por personal de esta clase. Por tanto, el personal de elección o de designación política o el funcionario interino, el personal laboral no fijo y el personal eventual no podrán formar parte de los órganos de selección.

5.- Proceso selectivo

El proceso selectivo en las Entidades Locales de la Comunidad Valenciana pasa inicialmente por:

- **Publicación de la Oferta de Empleo Público** para cubrir las necesidades de personal de ese año en el Boletín Oficial de la Provincia correspondiente a la Entidad Local.

- **Publicación de la Convocatoria del proceso selectivo**. Así cada Entidad Local (ayuntamiento, diputación, etc.) es responsable de publicar las **bases de sus propias convocatorias** en los boletines oficiales correspondientes (BOP y DOGV). Estas bases son la norma que rige el proceso selectivo concreto, detallando los **requisitos**, el **temario**, el **tipo y número de pruebas**, los **criterios de valoración** y los **plazos**.

Las bases deben de ser conformes a lo establecido en la legislación básica del Estado y de la normativa autonómica.

6.- Adquisición de la condición de empleado público. Nombramiento y toma de posesión

En primer lugar, hay que ver que normativa regula este punto y así como normativa estatal básica, el art. 62 del TREBEP habla de la adquisición de la condición del funcionario de carrera únicamente. A nivel de la Comunidad Valenciana la L 4/2021 de 16 de abril, de Función Pública Valenciana, en su art. 68, es la que regula este tema y establece que para ello hay que cumplir los siguientes requisitos:

- Superación del proceso selectivo.

- Nombramiento por el órgano competente y publicación en el DOGV o en el BO correspondiente.

- Juramento o promesa de acatamiento a la Constitución, al Estatuto de Autonomía Valenciana y al resto de ordenamiento jurídico.

- Toma de posesión del puesto de trabajo, dentro del plazo que se establezca, que en ningún caso podrá ser superior a un mes desde la publicación del nombramiento.

En cuanto a la adquisición de la condición de personal laboral fijo, el art. 75 de la LFPV comenta que los requisitos son los siguientes:

- Superación del correspondiente proceso selectivo.

- Formalización del contrato.

- Juramento o promesa de acatamiento a la Constitución, al Estatuto de Autonomía de la Comunidad Valenciana y al resto del ordenamiento jurídico.

7.- Pérdida de la condición de empleado público

El **art.69 de la LFPV** establece como **causas para perder la condición** de **personal funcionario de carrera:**

- La **renuncia:** Habrá que formalizarse por escrito y deberá ser aceptada expresamente y no inhabilita para ingresar de nuevo en la Función Pública a través del procedimiento de selección establecido.

- La **pérdida de la nacionalidad.**

- La **jubilación total**, que puede ser voluntaria, forzosa o como consecuencia de la declaración de incapacidad permanente. En el caso de la forzosa se podrá solicitar la prolongación de la permanencia en el servicio activo, como máximo, hasta los 70 años, en función de las necesidades de recursos humanos de la entidad local dónde preste sus servicios.

- La **sanción firme de separación del servicio**.

- La **pena principal o accesoria de inhabilitación absoluta o especial para cargo público** que tuviere carácter firme.

- El **fallecimiento.**

En cuanto a las **causas para perder la condición de personal laboral fijo**, el art. **75,4 de la LFPV** establece que se producirá por cualquiera de las causas de extinción del contrato de trabajo previstas en la normativa laboral.

CAPÍTULO VI

DERECHOS DE LOS EMPLEADOS PÚBLICOS EN EL ÁMBITO LOCAL

1.- Derechos individuales

Hay que distinguir dos tipos. El art. 76 de la LFPV recoge los derechos individuales y el art. 77 los derechos individuales ejercidos colectivamente.

En cuanto a los derechos individuales del art. 76 LFPV, el personal empleado público tiene los siguientes derechos individuales en correspondencia con la naturaleza jurídica de su relación de servicio (26 en total):

a.- Inamovilidad en su condición de personal funcionario de carrera.

b.- Desempeño efectivo de sus funciones.

c.- Promoción profesional.

d.- Orientación y asesoramiento profesional para avanzar en el curso de su carrera.

e.- Percibir las retribuciones y las indemnizaciones por razón del servicio.

f.- Ser informados de las tareas a desempeñar.

g.- A la asistencia, defensa y protección jurídica por la Administración en la que presen los servicios.

h.- A la formación continua.

i.- Al respeto a su intimidad, orientación sexual, propia imagen y dignidad en su trabajo.

j.- A la protección efectiva frente al acoso sexual.

k.- A la no discriminación por razón de nacimiento, raza, género, sexo u orientación sexual, religión, etc.

l.- A la conciliación de la vida personal y laboral.

m.- A la libertad de expresión dentro de los límites del ordenamiento jurídico.

n.- A recibir protección y formación en seguridad y salud en el trabajo.

o.- Al disfrute de vacaciones, descanso, permisos y licencias.

p.- A la jubilación.

q.- A la asociación profesional y afiliación sindical.

r.- A las prestaciones de la Seguridad Social.

s.- Al acceso a su expediente personal.

t.- A participar en la modernización tecnológica de la Administración.

u.- A formular propuestas y sugerencia de mejora.

v.- A recibir reconocimientos y distinciones o premios.

w.- A la protección en los casos que denuncie irregularidades.

x.- A la adaptación o cambio del puesto de trabajo por motivos de salud.

y.- A la protección de su salud frente a los riesgos de las condiciones de trabajo.

z.- A los demás derechos reconocidos por esta ley y el resto del ordenamiento jurídico.

En el art. 76,2 de la LFPV se hace especial referencia al teletrabajo entendido como modalidad de prestación de servicios a distancia, de carácter voluntario y reversible, excepto en supuestos debidamente justificados, con un derecho a la desconexión digital y se menciona que todas las materias que afecten a este tema reguladas en la LFPV podrán ser objeto de mesa de negociación colectiva. Hay una sentencia muy relevante en cuanto al Derecho Individual del funcionario interino de carácter laboral en un Ayuntamiento. Es la Sentencia 547/2022 de 8 jul. 2022, rec. 350/2021 del Tribunal Superior de Justicia de la Comunidad Valenciana, Sala de lo Contencioso-administrativo, Sección 2.ª, deja claro que el empleado interino de carácter laboral de un Ayuntamiento no tiene derecho a la conversión de su relación en estatutaria de funcionario de carrera, a pesar del abuso de la temporalidad en contrato de larga duración así como que el mero hecho de haber sido personal interino durante un tiempo más o menos largo, incluso si ha habido nombramientos sucesivos no justificados por la Administración, no implica automáticamente que haya habido un daño. La recurrida no hizo indicación alguna sobre el perjuicio o la lesión que le habría ocasionado la mera circunstancia de haber sido interina. (STS 1401/2021, de 30/11, Sala 3.ª, Scc.4.ª -casación 6302/2018), con lo que tampoco hubo derecho a la indemnización que reiterada jurisprudencia europea y del Tribunal Supremo contempla.

2.- Derechos colectivos

El art. 77 de la LFPV recoge estos derechos que son:

a.- A la libertad sindical.

b.- A la participación y negociación colectiva.

c.- Al ejercicio del derecho a la huelga.

d.- Al planteamiento de conflictos colectivos de trabajo.

e.- Al derecho de reunión.

Todos estos derechos individuales de aplicación colectiva pertenecen a las reivindicaciones tradicionales de los empleados públicos, los cuales, a pesar de su carácter especial, quieren disfrutar del ejercicio de esas libertades en el ejercicio de su cargo.

CAPÍTULO VII

DEBERES DE LOS EMPLEADOS PÚBLICOS EN EL ÁMBITO LOCAL

1.- Deberes generales

Vienen recogidos en la legislación básica del estado en el art. 52 del TREBEP y en la Ley 4/2021, de 16 de abril de LFPV, en el art. 97 y siguientes, de aplicación en la Comunidad Valenciana y que desarrolla el TREBEP según lo que comentaremos a continuación.

El art. 97 de la LFPV menciona que el personal funcionario público deberá realizar con diligencia las tareas que tenga encomendadas y velar por los intereses generales con sujeción y observancia de la Constitución, del Estatut de Autonomía y del resto del ordenamiento jurídico, de acuerdo a los principios de objetividad, integridad, neutralidad, responsabilidad, imparcialidad, confidencialidad, dedicación al servicio público, transparencia, ejemplaridad, austeridad, accesibilidad, eficacia, eficiencia, honradez, etc.

2.- Principios de actuación y obligaciones

El art. 98 de la LFPV recoge como principios de actuación del empleado público local:

- Su conducta perseguirá la satisfacción de los intereses generales de la ciudadanía.

- Ajustará su actuación a los principios de lealtad y buena fe.

- No aceptará ningún trato de favor o situación que implique beneficio o ventaja, rechazando cualquier regalo.

- Su conducta se basará en el respeto a los derechos fundamentales y a las libertades públicas.

- No influirá con su actuación en agilización o resolución de trámites o procedimientos administrativos sin que exista justificación adecuada.

- Guardará secreto de las materias clasificadas o cuya difusión está prohibida legalmente.

En cuanto a las obligaciones, el art. 99 de la LFPV regula:

- Tratar con atención y respecto a la ciudadanía y al empleado público.

- Desempeñar con diligencia las tareas que le correspondan o se le encomienden.

- Obedecer las instrucciones profesionales de sus superiores, salvo que constituyan una infracción manifiesta del ordenamiento jurídico, en cuyo caso lo podrán en conocimiento de los órganos de inspección correspondientes.

- Informar a la ciudadanía de las materias que tengan derecho a conocer, facilitando el ejercicio de sus derechos y el cumplimiento de sus obligaciones.

- Conocer las lenguas oficiales de la Comunidad Valenciana.

- Velar por la conservación de los recursos y bienes públicos.

- Procurar la conservación de los documentos para su entrega a posteriores responsables.

- Mantener actualizada su formación y cualificación.

- Observar las normas sobre seguridad y salud laboral.

- Utilizar adecuadamente la información, formación y medios informáticos y telemáticos.

Hay un tema muy importante a comentar que es el de la **responsabilidad del empleado público local**, que puede ser de dos tipos:

a.- Responsabilidad **por la gestión de los servicios** (art. 100 LFPV): Se establece esa responsabilidad general de la buena gestión de los servicios encomendados, procurando resolver los obstáculos que dificulten el cumplimiento de sus funciones.

b.- Responsabilidad **patrimonial** (art. 101 LFPV): La Administración exigirá del personal a su servicio la responsabilidad en que hubiera incurrido por dolo, culpa o negligencia grave, mediante la instrucción del correspondiente procedimiento con audiencia a la persona interesada y de acuerdo con lo establecido en la legislación reguladora de la responsabilidad patrimonial de las AAPP.

3.- Derecho y deber de formación

La legislación básica del Estado en el **art. 14, g) del TREBEP** establece literalmente que el empleado público tiene derecho:

g) A la formación continua y a la actualización permanente de sus conocimientos y capacidades profesionales, preferentemente en horario laboral.

En la Comunidad Valenciana se recoge con el mismo texto el derecho individual en el **art. 76, h) de la LFPV** y en el Capítulo V del Título VI en el **art. 104 y siguientes de la LFPV.**

El **art. 104,2 de la LFPV** pone el concepto de formación consistente en el aprendizaje planificado para la adquisición, retención y transferencia de conocimientos, destrezas, actitudes y valores que mejoren el servicio público y el desarrollo del personal empleado público.

Concretamente el **art. 104,7 de la LFPV** habla de que el Instituto Valenciano de Administración Pública (IVAP) fomentará la colaboración con las Entidades Locales de la Comunidad Valenciana en la formación y perfeccionamiento de su personal empleado público y **el art. 104,6** concreta que las EELL que prevean una fase de formación como parte del proceso selectivo de su personal empleado público, podrán convenir con la Consellería de Función Pública de la Generalitat Valenciana la participación del IVAP en la realización de tales cursos selectivos.

El **art. 105 LFPV** habla del **Derecho a la formación del empleado público**. El tiempo de asistencia a las acciones formativas se considerará de trabajo a todos los efectos, podrá acudir a las mismas durante permisos, excedencias por motivos familiares e incapacidad temporal, siempre que su estado de salud lo permita. Al ser un derecho si se le deniega la asistencia debe haber una resolución motivada.

Por último, en el **art. 106 LFPV** se habla del **deber de formación del empleado público**, siendo obligatoria su asistencia, tanto a nivel de formación continua como la necesaria derivada de su Evaluación del Desempeño. Al finalizar la formación se realizará una evaluación final que puede consistir o bien en la realización de un trabajo o bien en la superación de una prueba de conocimientos teóricos o prácticos.

CAPÍTULO VIII

PROVISIÓN DE PUESTOS, MOVILIDAD Y PROMOCIÓN PROFESIONAL EN EL ÁMBITO LOCAL

1.- Movilidad del personal funcionario de carrera y clases de movilidad

El art. 107 de la LFPV garantiza el derecho a la movilidad voluntaria del personal funcionario de carrera. El art. 108 habla de las clases de movilidad, que puede ser provisional o definitiva y puede tener carácter voluntario o forzoso. La movilidad forzosa se fundamenta en las necesidades del servicio y previa negociación con las organizaciones sindicales y debe respetar las retribuciones y condiciones esenciales de trabajo del personal funcionario.

2.- Movilidad del personal laboral

El art. 109 de la LFPV establece que la provisión de puestos y movilidad del personal laboral se realizará de acuerdo a lo dispuesto en los **Convenios Colectivos** y, en su caso, **en los planes de igualdad** que sean de aplicación y **en su defecto** por el **procedimiento** previsto para los **funcionarios de carrera**.

3.- Movilidad voluntaria del personal funcionario de carrera (art. 110 al 125 de la LFPV)

Los empleados públicos de las Entidades Locales de la Comunidad Valenciana pueden solicitar traslados a otros puestos de trabajo de igual o similar nivel, ya sea dentro de su propia administración o a otras administraciones públicas, siempre que cumplan los requisitos establecidos. Se trata de proveer los puestos de trabajo sin titular de naturaleza funcionarial, con respeto a los principios de igualdad, mérito y capacidad.

En cuanto a los sistemas ordinarios de provisión de puestos son:

a.- **El Concurso**: Recogido en los art. 111 al 114 de la LFPV: El concurso constituye el procedimiento normal de provisión de puestos de trabajo y consiste en la comprobación y valoración por órganos colegiados de carácter técnico de los méritos y capacidades y en su caso, aptitudes que constituyen las competencias profesionales de las personas candidatas para el desempeño de los mismos (art. 111,1 LFPV).

Se podrán valorar, entre otros, los siguientes méritos:

- El resultado de la evaluación del desempeño en destinos anteriores.

- La progresión alcanzada en la carrera profesional.

- El desempeño como personal funcionario de carrera en puestos de igual o superior nivel competencial.

- La antigüedad.

- El nivel competencial reconocido.

- La competencia lingüística en los conocimientos de valenciano acreditada.

- El conocimiento de otros idiomas comunitarios.

- La posesión de más de una titulación oficial.

- La acreditación del aprovechamiento de cursos de formación.

- Las actividades científicas, docente o de investigación vinculadas directamente con el perfil de las tareas que se atribuyen al puesto convocado.

Los concursos pueden ser ordinarios o específicos.

El concurso **ordinario** (art. 112 LFPV) es el procedimiento de provisión de los puestos de trabajo que no tengan establecida otra forma de provisión en la RPT y cuyas tareas **no requieran la valoración de conocimientos o funciones específicas**. Solo se tendrán en cuenta los méritos y capacidades y aptitudes que se concretarán en la correspondiente convocatoria.

El concurso **específico** (art. 113 LFPV) atiende a la valoración en dos fases diferenciadas: Por un lado, los **méritos** del art. 111, 2 ya mencionados y por otra los **conocimientos, capacidades y actitudes relacionadas con las funciones específicas asignadas al puesto de trabajo concreto.**

Se convocarán concursos con una periodicidad máxima de 2 años, contados desde la convocatoria precedente. (art. 114,6 LFPV) y el personal funcionario deberá permanecer un mínimo de 2 años en el puesto de trabajo obtenido con destino definitivo para poder participar en los concursos de provisión de puestos de trabajo, salvo algunas excepciones.

b.- **Libre Designación** (art. 115 LFPV): La libre designación como forma de provisión de puestos de trabajo en las Entidades Locales de la Comunidad Valenciana consiste en la apreciación discrecional por el órgano competente de la idoneidad y competencias de las personas candidatas en relación con los requisitos exigidos para ejercer el puesto.

Se realizará la tramitación del procedimiento a través de una convocatoria pública y el órgano competente para decidir y nombrar al empleado público es el órgano de Gobierno de la Entidad Local, que puede ser el Alcalde en los municipios más pequeños, la Junta de Gobierno Local en los municipios de gran población y el Presidente en las Diputaciones Provinciales.

Los puestos concretos que se proveen por este sistema de provisión en las EELL son los de carácter directivo o especial responsabilidad y confianza y se pueden mencionar como los más comunes:

- Puestos de trabajo de Jefatura de Servicio o Área de Negociado.

- Puestos de trabajo de Jefaturas de Sección que tengan funciones de dirección o coordinación de equipos.

- Puestos importantes que tengan funciones para objetivos estratégicos de la Entidad Local.

La **convocatoria** para la provisión por libre designación debe ser pública en el Diario Oficial de la Generalitat Valenciana y en el Diario Oficial de la Provincia correspondiente a la Entidad Local y debe contener al menos (115,3 LFPV):

a.- Número, denominación, retribuciones complementarias vinculadas al puesto de trabajo, adscripción orgánica, localidad.

b.- Cuerpo, escala o agrupación de puestos de trabajo de adscripción.

El **plazo de presentación de solicitudes** suele ser de 10 días hábiles a partir del día siguiente a la publicación de la convocatoria.

Por último, el **cese** en los puestos de trabajo obtenidos por el procedimiento de libre designación tendrá carácter discrecional pero también podrá ser **removido** de su puesto cuando concurran causas sobrevenidas, como consecuencia de la evaluación negativa del desempeño o por cumplimiento inadecuado de las funciones atribuidas al puesto o rendimiento insuficiente que no comporte inhibición y que impida realizar con eficacia esas funciones (art. 116 LFPV).

c.- **Otras formas de provisión voluntaria** (art. 117 al art. 125 LFPV):

Son las siguientes:

- **Comisión de servicios ordinaria** (art. 117 LFPV): Es una forma voluntaria temporal y excepcional de provisión de puestos de trabajo, en casos de urgente e inaplazable necesidad, cuando concurran causas de interés público en dos supuestos:

a.- Cuando queden desiertos en las convocatorias correspondientes o pendientes de provisión definitiva. En este caso si la forma de provisión es el concurso no podrá permanece más de 2 años en comisión de servicios. En el caso que sea libre designación, no más de 6 meses.

b.- Cuando estén sujetos a reserva por imperativo legal.

- Comisión de servicios para **puesta en marcha de proyectos** y **desempeño de funciones especiales no asignadas específicamente a un puesto de trabajo** (art. 118 LFPV). Tendrá una duración máxima de 1 año prorrogable por otro.

- Comisión de servicios en misiones o programas de cooperación internacional (art. 119 LFPV). Por un período no superior a 6 meses.

- **Adscripción provisional** (art. 120 LFPV) es una forma temporal de provisión que procede cuando el personal funcionario cese en su puesto o sea removido sin obtener otro, por reingreso al servicio activo y por rehabilitación de la condición de personal funcionario.

- **Permuta** de Puestos de Trabajo (art. 121 LFPV).

- **Nombramiento provisional por Mejora de Empleo** (art. 122 LFPV). Para casos de urgente e inaplazable necesidad, teniendo la titulación que se requiera y para un puesto de trabajo no ocupado distinto al de pertenencia mediante nombramiento provisional por mejora de empleo y permanecerá un período mínimo que se determinará reglamentariamente, con un máximo de 2 años.

- **Cambio de puesto de trabajo por motivo de salud**, discapacidad o diversidad funcional (art. 123 LFPV): La adscripción está condicionada a la existencia de puestos vacantes que tengan asignadas unas retribuciones complementarias iguales o inferiores a las del puesto de procedencia.

- **Traslado por violencia de género o violencia terrorista** (art. 125 LFPV): El traslado tendrá la consideración de forzoso a efectos de percepción de las indemnizaciones prevista para este tipo de casos y su duración viene condicionada al mantenimiento de las circunstancias y coyuntura de riesgo que dieron lugar al mismo.

4.- Movilidad forzosa del personal funcionario de carrera (art. 126 al 128 LFPV)

Las Entidades Locales tienen la potestad de desarrollar sus propios reglamentos de provisión de puestos de trabajo y movilidad, siempre que respeten lo establecido en la normativa básica estatal (TREBEP) y, de forma supletoria, la autonómica.

Así con carácter supletorio se aplica la LFPV que establece 3 supuestos:

a.- Comisión de servicios forzosa (art. 126 LFPV): Se produce cuando por necesidades de servicio sea de urgente provisión un puesto de trabajo y no haya sido posible su cobertura por alguna de las formas de movilidad voluntaria. Se destinará en primer lugar al personal funcionario de carrera de la misma localidad, en segundo lugar, al que tenga menos dificultades para conciliar dicho destino con la vida familiar y, por último, el de menor antigüedad y en igualdad de condiciones al personal de menor edad.

b.- Reasignación de efectivos (art. 127 LFPV): El personal funcionario cuyo puesto sea objeto de supresión podrá ser destinado a otro puesto de trabajo adscrito a su cuerpo, escala o agrupación profesional funcionarial, realizando, en caso de que sea necesario, los cursos específicos al puesto que el IVAP establezca. La **adscripción al puesto adjudicado por reasignación tendrá carácter definitivo para el personal titular de puestos afectados**.

c.- Adscripción temporal (art. 128 LFPV): Se podrá adscribir temporalmente por parte de la Entidad Local en casos excepcionales y por necesidades de adecuada prestación del servicio público, dentro de su competencia y siempre que no suponga cambio de localidad, al personal funcionarial a Unidades administrativas distintas. Los motivos son por causa de mayor volumen temporal, acumulación de cargas de trabajo, existencia de programas de duración concreta o que, en suma, las competencias o funciones de esa Unidad Administrativa o Departamento no puedan ser atendidas con suficiencia por el personal dependiente de la misma.

5.- Movilidad interadministrativa (art. 129 LFPV)

En este caso hay que respetar la autonomía de las EELL para decidir si abren o no sus plazas a otras administraciones.

6.- Promoción profesional en el ámbito local

La norma estatal básica referente a los requisitos necesarios para la promoción profesional del funcionario de carrera es el **art. 18,2 del TREBEP**, el cual establece literalmente:

> «Los funcionarios deberán poseer los requisitos exigidos para el ingreso, tener una antigüedad de, al menos, dos años de servicio activo en el inferior Subgrupo, o Grupo de clasificación profesional, en el supuesto de que éste no tenga Subgrupo y superar las correspondientes pruebas selectivas».

En la Comunidad Valenciana, **la LFPV 4/21** en desarrollo del TREBEP recoge este tema en los **art. 131 al 137** y menciona que el personal funcionario de carrera tiene derecho a la promoción profesional mediante un conjunto ordenado de oportunidades de ascenso y expectativas de progreso que deberán respetar los principios de publicidad, igualdad, mérito y capacidad (art. 131,1 LFPV)

En cuanto a las **modalidades de promoción profesional** del personal funcionario de carrera están las siguientes (art. 132 LFPV):

a.- **Carrera horizontal**: Progresión profesional a través de un sistema de grados, sin necesidad de cambiar de puesto de trabajo. En este modelo se valora la trayectoria y actuación profesional del funcionario de carrera, de la calidad de su trabajo, de los conocimientos adquiridos y del resultado de su Evaluación del Desempeño etc. Se establecerán reglamentariamente un sistema de grados, regulándose las retribuciones asignadas a los mismos.

b.- **Carrera Vertical**: Se adquiere un mayor nivel competencial, mediante la obtención de puestos de trabajo con destino definitivo y que puedan conllevar una mayor responsabilidad o dificultad técnica y que supondrá el reconocimiento del nivel competencial correspondiente.

c.- **Promoción Interna vertical**: Ascenso a un Cuerpo o Escala de otro grupo o subgrupo según lo previsto en el TREBEP.

d.- **Promoción Interna horizontal**: Ascenso a otro cuerpo o escala de un grupo o subgrupo de igual clasificación profesional.

En la Comunidad Valenciana se han presentado más de 100 denuncias por los sindicatos por incumplimiento de la obligación de tener en funcionamiento una Carrera Profesional para los funcionarios. Así los sindicatos CSI-CSIF, FESEP, CCOO son los principales impulsores de esta iniciativa. A esas denuncias tenemos ya bastantes requerimientos judiciales de cumplimiento de esta obligación en el plazo de 6 meses. En este mes de julio 2025 al Ayuntamiento de Sant Joan D´Alacant ha tenido que implantar la carrera Profesional.

En cuanto a la **promoción profesional del personal laboral**, el art. 136 LFPV se remite a los procedimientos previstos en el Real Decreto Legislativo 2/2015, de 23 de octubre, por el que se aprueba el Texto Refundido de la Ley del **Estatuto de los Trabajadores** o en los **Convenios Colectivos**.

Por último, el art. 137 de la LFPV habla de la **Evaluación del Desempeño** como procedimiento por el que se mide y valora la conducta profesional y el rendimiento o el logro de resultados con el din de individualizar y diferenciar la contribución del personal empleado público.

Los instrumentos que conformen los sistemas de Evaluación se adecuarán a criterios de transparencia, objetividad, fiabilidad y relevancia de contenidos, de imparcialidad y no discriminación. Se establecerá reglamentariamente el procedimiento, contenido y periodicidad de la evaluación.

La novedad más importante de esta LFPV es que la **continuidad del personal** funcionario de carrera en los puestos de trabajo obtenidos por concurso **quedará vinculada al resultado de la evaluación** de acuerdo al sistema y el procedimiento que se determine reglamentariamente, dándose audiencia a la persona interesada y a través de resolución motivada**.**

CAPÍTULO IX

SITUACIONES ADMINISTRATIVAS EN EL ÁMBITO LOCAL

Las entidades locales pueden aprobar sus propias normas (como ordenanzas, reglamentos o la Relación de Puestos de Trabajo) para adaptar las leyes superiores a su organización, pero siempre **dentro de los límites** establecidos por la legislación estatal y autonómica. Por ello se aplica en este tema lo dispuesto en la legislación básica estatal del TREBEP y a nivel autonómico lo dispuesto en la LFPV (L 4/21 de 16 de abril).

El **personal funcionario de carrera** se puede encontrar en alguna de las siguientes situaciones (art. 138 LFPV): servicio activo, servicios especiales, servicio en otras administraciones públicas, excedencia voluntaria, excedencia forzosa, expectativa de destino y suspensión de funciones. A continuación, pongo un cuadro normativo para ver que artículos recogen cada situación administrativa en la legislación básica del Estado y en legislación autonómica:

SITUACIÓN ADMINISTRATIVA	ART. DEL TREBEP	ART. DE LA L 4/21 LFPV
SERVICIO ACTIVO	86	140
SERVICOS ESPECIALES	87	141-143
SERVICIO EN OTRAS AAPP	88	144
EXCEDENCIA VOLUNTARIA	89	146-159
EXCEDENCIA FORZOSA	89	160-161
EXPECTATIVA DE DESTINO	RD 365/95	162
SUSPENSION DE FUNCIONES	90	163-165
REINTEGRO AL SERVICIO ACTIVO	91	166
DEL PERSONAL LABORAL	92	139

1.- Servicio activo (art.140 LFPV)

Corresponde la situación de servicio activo cuando el personal funcionario de carrera ocupa un puesto de trabajo y lo desempeña mediante cualquier procedimiento de provisión previstos en la ley. Asimismo, cuando haya sido cesado en tanto no se le atribuya destino en otro puesto de trabajo y también cuando pase temporalmente a prestar servicios en otra Administración Pública.

2.- Servicios especiales (art. 141 LFPV)

El personal empleado público de las Entidades Locales de la Comunidad Valenciana puede estar en situación de servicios especiales en supuestos concretos, como son:

a.- Si adquiere la condición de personal funcionario al servicio de Organizaciones Internacionales o supranacionales.

b.- Cuando obtenga la autorización de su Administración Local para realizar una misión superior a 6 meses en Organismo Internacionales.

c.- Cuando sea nombrado miembro del Gobierno de la nación, del Consell o de otros órganos de gobierno de otras CA, instituciones de Unión Europea o de Organizaciones Internacionales.

d.- Cuando sea nombrado para desempeñar un alto cargo en Organismo Públicos o Entidades dependientes.

e.- Cuando sea adscrito al Tribunal Constitucional, Defensor del Pueblo, Sindic de Greuges o Tribunal de Cuentas.

f.- Cuando acceda a la condición de Diputado o Diputada, senador o senadora de las Cortes o diputado o diputada de las Cortes Valencianas o de las Asambleas Legislativas de la CV.

g.- Cuando sea elegido para formar parte de los órganos constitucionales o estatutarios de las Cortes Valencianas o Generales o de las Asambleas Legislativas.

h.- Cuando desempeñen cargos electivos retribuidos y de dedicación exclusiva en las Entidades Locales.

i.- Cuando sea nombrado para el CGPJ o Consejo de Justicia de la CA.

j.- Cuando sea nombrado como personal eventual por ocupar puestos de trabajo con funciones expresamente calificadas como de confianza o asesoramiento y no opten por permanecer en servicio activo.

k.- Cuando sea designado personal asesor de los grupos parlamentarios de las Cortes Generales, Asambleas Legislativas de las CCAA o de los grupos municipales.

l.- Cuando sea nombrado reservista voluntario para prestar servicios en la Fuerzas Armadas.

m.- Cuando ostente cargo provincial, autonómico o estatal en las organizaciones sindicales más representativas.

El reintegro al servicio activo habrá que solicitarse en el plazo de 1 mes a contar desde el día siguiente al de la finalización de la causa que dio lugar a la situación de servicios especiales. El incumplimiento de esta obligación determinará la declaración de la situación de excedencia voluntaria por interés particular y en el caso de los funcionarios interinos el plazo es el mismo y el incumplimiento determinará la pérdida del derecho a la reserva del puesto de trabajo.

3.- Servicio en otras Administraciones Públicas (art. 144-145 LFPV)

Se refiere al funcionario de carrera que obtenga destino en otra administración pública, organismo autónomo etc. por procedimiento de transferencia, concurso o libre designación, será declarado en la situación de servicio en otras administraciones públicas. Se regirá por la legislación aplicable al nuevo puesto, pero conservará su condición de personal funcionario de carrera de la Entidad Local de la que proceda y el derecho a participar en las convocatorias para la provisión de puestos de trabajo que efectúe. Al reingresar al servicio activo en la entidad de origen obtendrá el reconocimiento de los progresos alcanzados en el sistema de carrera profesional y sus efectos retributivos.

4.- Excedencia voluntaria

Supuestos:

a.- **Excedencia voluntaria por interés particular** (art. 147 LFPV). El personal funcionario de carrera la podrá solicitar cuando haya prestado servicios efectivos durante un período mínimo de 3 años inmediatamente anteriores y para solicitar el reingreso será necesario haber permanecido en esta situación al menos 2 años. Se pasa a esa situación también cuando el funcionario incumpla la obligación de solicitar el reingreso en el plazo establecido.

b.- **Excedencia voluntaria por agrupación familiar** (art. 149-150 LFPV): Le corresponde al funcionario cuyo cónyuge o pareja de hecho resida en otra localidad por haber obtenido y estar desempeñando un puesto de trabajo definitivo, como funcionario de carrera o personal laboral fijo en cualquiera de las AAPP, OOPP, etc. Quienes se encuentren en esta situación no devengan retribuciones ni se les computa el tiempo en el que estén para promoción, antigüedad o derechos en la SS.

c.- **Excedencia voluntaria por prestar servicios en el sector público** (art. 151-152 LFPV): Procederá la declaración de excedencia voluntaria automática en este caso siempre que no le corresponda otra situación administrativa. No se devengan retribuciones ni será computable el tiempo de permanencia a efectos de promoción profesional, antigüedad y derechos en el régimen de la Seguridad Social.

d.- **Excedencia voluntaria por cuidado de familiares** (art. 153-154 LFPV):

El personal funcionario de carrera tendrá derecho a un período de excedencia no superior a tres años en los siguientes casos:

 - Para atender al cuidado de cada hija o hijo, por naturaleza o adopción o acogimiento permanente.

 - Para atender al cuidado del cónyuge o pareja de hecho legalmente constituida o familiar que se encuentre a su cargo hasta el segundo grado de consanguinidad o afinidad.

El tiempo de permanencia en esta situación será computable a efectos de antigüedad, promoción profesional y derechos en el Régimen de la Seguridad Social que les sea aplicable.

El puesto de trabajo obtenido con destino definitivo se reservará durante los 3 años de duración de la excedencia.

La Jurisprudencia del Tribunal Supremo ha dictado doctrina en la Sentencia núm. 852/2022 de 29 de junio y anula el artículo 7, apartado 4, a) 3.º del Decreto 42/2019 del Consell Valenciano, que regulaba las condiciones de trabajo del personal funcionario, por estimar que no procede la reducción de jornada sin disminución de retribuciones a los funcionarios públicos de la Corporaciones Locales, en el caso de guarda legal, dado que contradecía lo dispuesto en la norma estatal básica del **TREBEP, en el art. 48,h)**, la cual establece literalmente:

«Por razones de guarda legal, cuando el funcionario tenga el cuidado directo de algún menor de doce años, de persona mayor que requiera especial dedicación, o de una persona con discapacidad que no desempeñe actividad retribuida, **tendrá derecho a la reducción de su jornada de trabajo, con la disminución de sus retribuciones que corresponda**».

e.- **Excedencia voluntaria por razón de violencia de género** (art. 155 LFPV):

Las funcionarias que acrediten la condición de víctima de violencia de género, en función de lo previsto en el art. 23 de la LO 1/2004, tendrán derecho a esta excedencia sin tener que haber prestado un tiempo mínimo de servicios previos y sin que les sea exigible plazo de permanencia en la misma.

Se les reserva el puesto de trabajo durante los primeros 6 meses sea definitivo o provisional. Este período será computable a efectos de promoción, antigüedad y derechos de la Seguridad Social.

En cuanto a las retribuciones, durante los 3 primeros meses recibirá las retribuciones íntegras y en su caso, durante los 2 primeros meses, las prestaciones familiares por hija o hijo a cargo.

f.- Excedencia voluntaria por razón de violencia terrorista (art. 157 LFPV):

El personal funcionario que haya sufrido daños físicos o psíquicos como consecuencia de la actividad terrorista, tendrá derecho a disfrutar de un período de excedencia en las mismas condiciones que para la violencia de género del art. 155 y 156.

g.- Excedencia voluntaria incentivada (art. 158 LFPV):

Procede en los casos de reasignación de efectivos y de redistribución de efectivos, en este último como consecuencia se encuentre el personal funcionario de carrera en situación de expectativa de destino o excedencia forzosa.

Tiene una duración de 5 años e impedirá desempeñar puestos de trabajo en el sector público bajo ninguna relación funcionarial o laboral. Concluido el plazo de 5 años se pasará automáticamente, si no se solicita el reingreso, a la situación de excedencia voluntaria por interés particular.

Tienen derecho a 1 mes de retribuciones de carácter básico y las complementarias vinculadas a la carrera administrativa y al puesto de trabajo, excluidas las extras, por cada año completo de servicios efectivos y con un máximo de 12 mensualidades. Puede reingresar antes de los 5 años si así lo acuerdan ambas partes y si han transcurrido al menos 2 años desde su concesión y previa devolución de la parte proporcional de las cantidades percibidas por el tiempo que reste.

5.- Excedencia forzosa

La normativa que regula esta excedencia es el art. 160 de la LFPV 4/21, de 16 de abril y supletoriamente en lo no previsto en ella el art. 13 del Reglamento de Situaciones Administrativas de los Funcionarios Civiles de la Administración General del Estado Real Decreto 365/1995, de 10 de marzo.

El art. 160 LFPV establece que la declaración de Excedencia Forzosa se producirá en los siguientes casos:

a) Cuando el personal funcionario declarado en situación de suspensión firme con pérdida del puesto de trabajo solicite el reintegro tras cumplir la sanción impuesta y este no sea posible por falta de puesto de trabajo vacante con dotación presupuestaria.

b) Cuando el personal funcionario que se encuentre en expectativa de destino agote el período máximo fijado para esa situación por causa no imputable a la Administración Pública.

c) Cuando el personal funcionario en excedencia voluntaria sin reserva de puesto de trabajo solicite el reingreso tras la finalización de la misma y, una vez trascurrido el plazo previsto para el reingreso, este no sea posible por falta de puesto de trabajo.

Este personal tiene derecho a percibir las retribuciones básicas y las prestaciones familiares por hija o hijo a cargo y el tiempo de permanencia será computable a efectos de antigüedad y de derechos del régimen de la Seguridad Social que sea aplicable. Por último, tiene obligación de participar en los concursos convocados a puestos de su cuerpo, escala o agrupación funcionarial de su localidad, declarándose, en el caso de que no lo hagan, en la situación de excedencia voluntaria por interés particular.

6.- Expectativa de destino

Esta figura administrativa es una situación que precede a la entrada en vigor del TREBEP y su regulación principal se encuentra en el Reglamento de Situaciones Administrativas de los Funcionarios Civiles de la Administración General del Estado, aprobado por el **Real Decreto 365/1995.** En la Ley 4/21, de 16 de abril de LFPV, se regula en **el art. 162,** el cual establece que el personal funcionario cuyo **puesto** haya sido **suprimido en** aplicación de una medida de redistribución de efectivos, de la organización administrativa o de personal y por una modificación de la RPT y no es posible mantenerle en el puesto por falta del mismo con dotación presupuestaria, **y no haya obtenido otro puesto de trabajo,** podrá ser declarado en situación de expectativa de destino.

Este personal percibirá las retribuciones básicas, el complemento de carrera, el nivel competencial adquirido y el 50 % del componente de desempeño del complemento del puesto de trabajo y está obligado a aceptar los destinos en puestos de su cuerpo, escala o agrupación en la localidad donde estaba destinado, participar en los concursos de su localidad y participar en los cursos de formación a los que se le convoque.

El período máximo de la situación de expectativa será de 1 año, transcurrido el cual se pasará a la situación de excedencia forzosa.

7.- Suspensión de funciones

Está regulado en la legislación estatal básica en el art. 90 del TREBEP y a nivel autonómico de la Comunidad Valenciana en el art. 164-165 LFPV, el cual regula que el personal funcionario que se declare en esa situación quedará privado durante el tiempo de permanencia del ejercicio de sus funciones y de todos los derechos inherentes a esa condición.

La suspensión puede ser provisional o firme.

a.- Será provisional cuando se tramite un procedimiento judicial o disciplinario y no podrá exceder de 6 meses en la tramitación del procedimiento disciplinario y durante la tramitación de un procedimiento judicial, por el tiempo a que se extienda la prisión provisional u otras medidas.

b.- Será firme cuando proceda en virtud de sentencia dictada en causa criminal o sanción disciplinaria firme. Determinará la pérdida del puesto de trabajo cuando exceda de 6 meses.

Este personal tiene derecho a percibir durante la suspensión las retribuciones básicas y, en su caso, las prestaciones familiares por hija o hijo a cargo. Cuando la suspensión provisional se eleve a firme, el personal funcionario deberá devolver lo percibido durante el tiempo de duración de la provisional. Sin embargo, cuando la suspensión no sea declarada firme, el tiempo de duración de la misma será declarado como de servicio activo, debiendo reincorporarlo inmediatamente a su puesto de trabajo, con todos los derechos económicos.

8.- Reingreso al servicio activo

El art. 166 de la LFPV comenta que dicho reingreso se efectuará mediante su participación en las convocatorias de concurso o libre designación para la provisión de puestos de trabajo y también de forma motivada por adscripción provisional, condicionada a las necesidades del servicio.

9.- Situaciones del personal laboral

El artículo 139 de la LFPV comenta que se regirá por lo previsto en la normativa laboral y los Convenios Colectivos podrán determinar la aplicación de este título en lo que resulte compatible con la legislación laboral.

CAPÍTULO X

RÉGIMEN DISCIPLINARIO DE LOS EMPLEADOS PÚBLICOS EN EL ÁMBITO LOCAL

1.- Disposiciones generales

Se regula en la legislación estatal básica del TREBEP en los artículos 93 y siguientes y en la Comunidad Valenciana en la L 4/21, de 16 de abril de Función Pública Valenciana en los artículos 167 al 180.

Incurrirá en responsabilidad disciplinaria (art. 167 LFPV) el personal empleado público que en el ejercicio de sus funciones cause daño grave para la Administración o la ciudadanía en los siguientes supuestos:

a.- Realice un acto o conducta tipificada como falta.

b.- Induzca directamente a otro a su realización.

c.- Encubra las faltas consumadas muy graves o graves.

No puede exigirse responsabilidad disciplinaria por actos o conductas posteriores a la pérdida de la condición de personal funcionario u extinción de la relación laboral (art. 167,4 LFPV).

La potestad disciplinaria se ejercerá de acuerdo a los siguientes principios (art. 168 LFPV):

a.- Principio de legalidad y tipicidad de las faltas y sanciones.

b.- Principio de irretroactividad de las disposiciones sancionadoras no favorables y de retroactividad de aquellas que sean favorables al presunto infractor.

c.- Principio de proporcionalidad, aplicable tanto a la clasificación como a la aplicación de las infracciones y sanciones.

d.- Principio de culpabilidad.

e.- Principio de presunción de inocencia.

f.- Principio de contradicción y audiencia.

2.- Infracciones disciplinarias (art. 169 al 172 LFPV)

Las faltas disciplinarias se clasifican en:

A.- **Faltas muy graves** (art. 170 LFPV). Son:

- Las previstas en la normativa estatal de carácter básico en art. 95 del TREBEP.

- Además, las establecidas en el art. 170 LFPV, a saber:

   a.- El uso excesivo o arbitrario de la autoridad que cause perjuicio grave al servicio.

   b.- La emisión de informes manifiestamente ilegales.

   c.- El consumo de alcohol, sustancias estupefacientes o psicotrópicas que en el ejercicio de sus funciones ponga en peligro la integridad física de otras personas.

   d.- Causar intencionadamente daños graves al patrimonio de la Administración.

   e.- Intervenir en un procedimiento administrativo cuando se de alguna de las causas de abstención legalmente previstas.

   f.- La realización de manera reiterada dentro de la jornada laboral y con ánimo de lucro de actividades personales o profesionales.

   g.- Incumplir las obligaciones impuestas por la normativa de prevención de riesgos laborales.

   h.- La agresión grave a cualquier persona con la que se relacione en el ejercicio de sus funciones.

B.- **Faltas graves** (art. 171 LFPV). Son las siguientes:

   a.- La falta de obediencia debida a las personas que sean sus superiores jerárquicos y a quienes sean autoridades.

   b.- El abuso de autoridad en el ejercicio del cargo.

   c.- Las conductas constitutivas de delito doloso relacionadas con el servicio y que causen daño a la Administración o a la ciudadanía y no constituyan falta muy grave.

   d.- La grave desconsideración con el personal empleado público o con la ciudadanía en el ejercicio de sus funciones.

   e.- Causar daños en el patrimonio de la Administración siempre que no constituya falta muy grave.

   f.- Intervenir en un procedimiento administrativo cuando se de alguna de las causas de abstención legalmente previstas.

   g.- La emisión de informes y adopción de acuerdos o resoluciones manifiestamente injustas, cuando no constituyan falta muy grave.

h.- La falta injustificada de rendimiento que afecte al normal funcionamiento de los servicios.

i.- No guardar el debido sigilo respecto a los asuntos que se conozcan con razón del cargo.

j.- El incumplimiento de las normas sobre incompatibilidades.

k.- El incumplimiento injustificado de la jornada de trabajo que acumulado suponga un mínimo de 10 horas al mes.

l.- La falta de asistencia reiterada sin causa justificada a las acciones formativas que tengan carácter obligatorio, siempre que se desarrollen en horario laboral.

m.- Las acciones u omisiones dirigidas a evadir los sistemas de control de horarios.

n.- El consumo habitual de alcohol, de sustancias estupefacientes o psicotrópicas que afecte al funcionamiento del servicio.

o.- El incumplimiento de las obligaciones impuestas por la normativa de prevención de riesgos laborales.

p.- Emplear o autorizar para usos particulares medios o recursos de carácter oficial o facilitarlos a terceras personas, salvo que constituya falta leve, por su poca entidad.

q.- La simulación de enfermedad o accidente cuando comporte ausencia del trabajo.

r.- La grave perturbación del servicio que impida el normal funcionamiento de este.

s.- La utilización de permisos y licencias para fines distintos de los que los justifican.

t.- Las denuncias faltas de actividades irregulares imputables a autoridades y personal funcionario realizadas de mala fe o con manifiesta negligencia.

En cuanto a las **faltas disciplinarias graves del personal laboral** las tipificarán los Convenios Colectivos atendiendo al grado de vulneración, la gravedad de los daños causados o el descrédito para la imagen pública.

C.- **Faltas Leves** (art. 172 LFPV). Son las siguientes:

a.- El incumplimiento injustificado del horario de trabajo, cuando no suponga falta grave.

b.- La falta injustificada de asistencia de 1 día.

c.- La incorrección con el personal empleado público o con la ciudadanía en el ejercicio de sus funciones.

d.- El descuido o negligencia en el ejercicio de sus funciones.

e.- Cualquier incumplimiento de los deberes u obligaciones del personal funcionario, siempre que no se califiquen como falta muy grave o grave.

3.- Sanciones disciplinarias (art. 173 LFPV)

Por razón de las faltas cometidas por el personal funcionario o laboral podrán imponerse las siguientes sanciones:

a.- Separación del Servicio del personal funcionario de carrera o revocación del nombramiento del funcionario interino.

b.- Despido disciplinario del personal laboral.

c.- Suspensión firme de funciones o de empleo y sueldo en el personal laboral.

d.- Traslado forzoso, con o sin cambio de localidad.

e.- Demérito, que consiste en penalización a efectos de carrera profesional horizontal, promoción o movilidad voluntaria.

f.- Apercibimiento.

Asimismo, se puede declarar la obligación de realizar cursos de formación sobre ética pública en la resolución del procedimiento sancionador

En cuanto a las **relaciones entre faltas y sanciones** (art. 174 LFPV), atendiendo a la gravedad de las faltas cometidas por el personal funcionario público pueden imponerse las siguientes sanciones:

a.- **Por faltas muy graves:**

1.- Separación del servicio o la revocación del personal funcionario interino.

2.- La suspensión de funciones o retribuciones o del derecho a ser llamado a las bolsas de empleo.

3.- El traslado forzoso con cambio de localidad por un período de 1 y 3 años.

4.- El demérito consistente en:

- Pérdida de dos grados en el sistema de Carrera Profesional y privación del derecho a ser evaluado entre dos y cuatro años.

- La imposibilidad de participar en procesos de provisión por un período entre dos y cuatro años.

- La prohibición de ocupar puestos de jefatura entre dos y cuatro años.

b.- **Por faltas graves:**

1.- La suspensión de funciones y retribuciones por un período entre 15 días y 3 años.

2.- El traslado forzoso con cambio de localidad por un período de hasta un año.

3.- El traslado forzoso sin cambio de localidad.

4.- El demérito consistente en:

- La pérdida de un grado en el sistema de carrera horizontal y la privación del derecho a ser evaluado por un período de hasta dos años.

- La posibilidad de participar en procedimientos de provisión de puestos o promoción interna por un período de hasta dos años.

- La prohibición de ocupar puestos de jefatura por un período de hasta dos años.

c.- **Por faltas leves:**

1.- La suspensión de funciones y retribuciones o del derecho, en su caso, a ser llamado en cualquiera de las bolsas de empleo temporal, por un período de hasta 15 días.

2.- El apercibimiento.

En todos los casos se podrá establecer de forma complementaria a la sanción principal la obligación de realizar cursos de formación sobre ética pública y publicidad.

En el caso del personal laboral, los Convenios Colectivos establecerán la relación entre infracciones y sanciones y su aplicación.

En cuanto a la **prescripción de las infracciones y sanciones** (art. 175 LFPV):

- Las infracciones muy graves prescribirán a los 3 años.

- Las infracciones graves prescribirán a los 2 años.

- Las infracciones leves prescribirán a los 6 meses.

- Las sanciones impuestas por faltas muy graves prescribirán a los 3 años.

- Las sanciones impuestas por faltas graves prescriben a los 2 años.

- Las sanciones impuestas por faltas leves prescriben al año.

En cuanto a la **extinción de la responsabilidad disciplinaria** se produce por:

a.- Cumplimiento de la sanción.

b.- Fallecimiento.

c.- Prescripción de la falta o sanción.

4.- Procedimiento disciplinario (art.177 al 181 de la LFPV)

Por **Decreto del Consell se aprobará el reglamento que regule el procedimiento disciplinario** (art. 177,3 LFPV) y las **Entidades Locales** podrán adaptar sus previsiones a sus peculiaridades organizativas.

No podrá imponerse ninguna sanción por comisión de **faltas muy graves o graves sino mediante el procedimiento previamente establecido**. El procedimiento debe ser resuelto y notificarse la resolución a la persona interesada en el plazo máximo de un año desde su iniciación. Podrán realizarse actuaciones previas para determinar los hechos susceptibles de motivar la incoación del procedimiento.

La **imposición de sanciones por faltas leves** se llevará a cabo por un **procedimiento sumario y simplificado**, con audiencia a la persona interesada. **El acuerdo de iniciación** del procedimiento disciplinario deberá contener:

a.- Identificación de la persona/s responsable y descripción de los hechos que motivan la incoación del expediente.

b.-Identificación de quienes desempeñen la instrucción y secretaria del procedimiento.

c.-Posibilidad de reconocimiento voluntario de la responsabilidad.

d.-Adopción, en su caso, de la medida cautelar de suspensión provisional de la persona expedientada.

e.- El derecho a formular alegaciones y audiencia en el procedimiento y plazos para su ejercicio.

En cuanto a la **finalización del procedimiento disciplinario,** el órgano instructor puede resolver:

a.- La **finalización del procedimiento con archivo sin propuesta de resolución**, cuando se acredite la inexistencia de los hechos o no resulten probados o no constituyan infracción administrativa o no se haya podido identificar a la persona/s responsable/s. También cuando se pruebe que la persona expedientada está exenta de responsabilidad o se aprecie la prescripción de la falta.

b.-La **formulación de la propuesta de resolución** que se notificará a las personas interesadas y se dará un plazo no superior a 15 días en que pueden formular alegaciones. Deberá fijar los hechos que se consideren probados, la valoración de las pruebas practicadas, la exacta calificación jurídica de aquellos y determinar la persona responsable y la sanción que se proponga.

El **procedimiento concluirá por resolución** y las sanciones disciplinarias se ejecutarán conforme a los términos de la resolución.

Se podrán adoptar medidas de carácter provisional durante la subsanación del procedimiento para la imposición de faltas muy graves o graves (art. 180 LFPV)

Por último, la **competencia para la incoación, tramitación y resolución de los procedimientos disciplinarios en las Entidades Locales** de la Comunidad Valenciana corresponde a:

1.- **Incoación y resolución:** Corresponde al Alcalde o alcaldesa o Presidente de la Diputación Provincial.

2.- **Instrucción:** El instructor es un funcionario o funcionaria de la entidad, con una categoría igual o superior a la del empleado investigado.

La Ley de Bases de Régimen Local permite delegar la competencia en la Junta de Gobierno Local o en un Concejal en Ayuntamientos de gran población.

La **Sentencia de 30 de noviembre de 2023 de la Sala de lo Contencioso Administrativo, Sección 2.ª del TSJ Comunidad Valenciana N.º de Sentencia: 1020/2023 - N.º de Recurso: 201/2023** nos habla de la ausencia de infracción del principio de proporcionalidad en las dos sanciones impuestas a un empleado público bombero en el Ayuntamiento de Castellón.

Cómo conclusión final de este libro tengo que comentar que vienen tiempos de cambio, en los que las Entidades Locales han de estar preparadas para adaptarse a las nuevas necesidades de cualificación y tecnificación de sus empleados públicos, los cuales tendrán que atender a los ciudadanos con un alto nivel de profesionalidad, de cara a obtener los mayores niveles de eficacia y eficiencia.

EXPEDIENTES DE FUNCIÓN PÚBLICA

En este apartado vamos a ver algunos de los expedientes más comunes y representativos, que no todos, de la función pública en el ámbito local de la Comunidad Valenciana.

1.- Expediente de acceso y selección de personal (art. 60 al 75 LFPV)

Este expediente tiene 4 partes fundamentales:

A.- Publicación de la Oferta de Empleo Público en el BOP y aprobación de la OPE y las bases y la convocatoria por el Pleno o por la Junta de Gobierno Local. Publicación adicional de la OPE en la Sede Electrónica del Ayuntamiento o de la Diputación y en el Portal de Transparencia, de las bases de la convocatoria en BOP o DOGV, el extracto de la convocatoria en el BOE. El plazo de presentación de solicitudes comienza el día siguiente de su publicación en el BOE. La sede electrónica, portal de transparencia y tablón de edictos son los medios de recibir información a lo largo del proceso.

B.- Recepción de instancias, listas de admitidos y excluidos, alegaciones y constitución del Tribunal Calificador.

C.- Pruebas a realizar; Actas, exámenes, valoración de méritos en el Concurso-Oposición y actas de calificación con el resultado y lista de aspirantes que han superado la oposición o concurso oposición.

D.- Propuesta de nombramiento con la relación de aspirantes que han superado las pruebas, aportación de documentación por los aspirantes que acredite que reúne los requisitos exigidos, nombramiento y toma de posesión.

2.- Expediente de provisión de puesto de trabajo y promoción profesional

El de **provisión de puesto de trabajo** del personal local está regulado en los art. 111 al 125 de la LFPV y aparece el concurso de méritos como sistema ordinario de provisión y la libre designación para puestos de especial confianza o responsabilidad, mientras que el de **promoción profesional** se regula en los art. 131 a 136 de la LFPV.

Las fases del **expediente de provisión de puestos de trabajo** son similares a las de acceso libre de nueva incorporación y distinguimos **la de concurso de méritos**, y la cual tiene las siguientes:

A.- RPT, donde consta el puesto de trabajo a cubrir, aprobación por la Junta de Gobierno Local o Pleno del Ayuntamiento o Diputación y publicación de las bases en el BOP o DOGV y publicación del extracto de la convocatoria en el BOE. B.- Recepción de instancias dónde los funcionarios deberán acreditar documentalmente los méritos que reúnen en el Concurso,

C.- Constitución del Tribunal.

D.- Baremación y puntuación de los méritos presentados por los candidatos.

E.- Propuesta de adjudicación del puesto de trabajo al candidato con mayor puntuación.

F.- Publicación de la propuesta en el BOP, DOGV.

G.- Resolución de Adjudicación de la plaza por el Alcalde o Presidente de la Diputación.

H.- Publicación de la adjudicación en el BOP y notificación al candidato.

I.- Acuerdo de cese en el puesto anterior y de toma de posesión en el nuevo puesto.

En el **expediente de provisión de puestos por libre designación** las fases son:

A.- RPT dónde consta el puesto de trabajo a cubrir, aprobación por la Junta de Gobierno Local o Pleno del Ayuntamiento o Diputación y publicación de las bases en el BOP o DOGV y publicación del extracto de la convocatoria en el BOE.

B.- En la instancia del funcionario tiene que presentar si le pide adicionalmente su CV y cómo desarrollará el desempeño del puesto.

C.- Idoneidad del candidato al puesto, que se valorará a través de informes del órgano responsable de la elección y de entrevista personal.

D.- Propuesta de nombramiento del órgano competente (Alcalde en Ayuntamiento y Presidente en la Diputación Provincial) en función de la idoneidad al cargo.

E.- Resolución de Adjudicación de la plaza por el Alcalde o Presidente de la Diputación.

F.- Publicación de la adjudicación en el BOP y notificación al candidato.

G.- Acuerdo de cese en el puesto anterior y de toma de posesión en el nuevo puesto.

En cuanto al **Expediente de promoción profesional** (art. 131 al 137 de la LFPV), hay que distinguir la de **promoción interna** en el cual se quiere **acce-**

der a un cuerpo o escala superior a la que se tiene o del mismo subgrupo, las fases son las mismas que en la selección de personal ordinario con reserva de plazas de un 50 % como máximo de las convocadas. Así:

A.- Publicación de la Oferta de Empleo Público en el BOP y aprobación de la OPE y las bases y la convocatoria por el Pleno o por la Junta de Gobierno Local. Publicación adicional de la OPE en la Sede Electrónica del Ayuntamiento o de la Diputación y en el Portal de Transparencia, de las bases de la convocatoria en BOP o DOGV, el extracto de la convocatoria en el BOE. El plazo de presentación de solicitudes comienza el día siguiente de su publicación en el BOE. La sede electrónica, portal de transparencia y tablón de edictos son los medios de recibir información a lo largo del proceso.

B.- Recepción de instancias, listas de admitidos y excluidos, alegaciones y constitución del Tribunal Calificador.

C.- Pruebas a realizar; Actas, exámenes, valoración de méritos en el Concurso-Oposición y actas de calificación con el resultado y lista de aspirantes que han superado la oposición o concurso oposición.

D.- Propuesta de nombramiento con la relación de aspirantes que han superado las pruebas.

E.- Aportación de documentación por los aspirantes que acredite que reúne los requisitos exigidos.

F.- Nombramiento.

G.- Toma de posesión

En cuanto al Expediente de **Carrera Profesional horizontal,** es aquel en que no se cambia de cuerpo o escala sino de grado por desarrollo profesional que se mide en la Evaluación del Desempeño. Se realiza la valoración de la conducta profesional y la medición del rendimiento o los resultados obtenidos. Está recogido en el art. 137 de la LFPV. En este caso ya comentamos en el libro que la continuidad del personal funcionario en puestos obtenidos por concurso quedará vinculada al resultado de la evaluación.

3.- Expediente de situaciones administrativas (art.139 al 166 LFPV)

Con carácter general se aplican las mismas fases en todas las situaciones, salvo particularidades de alguna concreta. Así:

A.- Se inicia a instancia del interesado o de oficio por la Administración en casos muy concretos por acuerdo o resolución motivada.

B.- El área de RRHH de la Corporación Local comprueba que esté correcta la solicitud y si hay que subsanar algún defecto.

C.-Se realiza el Informe del Área de Personal y RRHH en el que se recoge el cumplimiento de los requisitos para conceder la situación administrativa, dando traslado del mismo al funcionario para que alegue lo que estime pertinente.

D.- Con posterioridad se dicta Propuesta de resolución.

E.- Se dicta Resolución admitiendo o no la solicitud del funcionario.

F.- Notificación al funcionario y pase a la situación, en su caso.

G.- Contra la resolución denegatoria cabe recurso administrativo y posterior contencioso administrativo.

4.- Expediente disciplinario (art. 177 al 181 de la LFPV)

Las fases son las siguientes para las **faltas muy graves y graves**:

A.- Incoación del Expediente a instancias del Dpto. de Personal y RRHH, por el Alcalde o Presidente de la Diputación.

B.- Nombramiento del órgano instructor y Secretario, cuyo funcionario tiene que tener un nivel o grupo profesional igual o superior al del funcionario investigado.

C.- Realización de Actuaciones de investigación en orden a identificar la persona responsable, descripción de los hechos que motivan la incoación del expediente, adopción de medidas cautelares, en su caso.

D.- Fase de alegaciones y audiencia y plazos para su ejercicio.

E.- Resolución del expediente disciplinario **con archivo sin propuesta de resolución**, cuando los hechos no resulten probados o sean inexistentes o bien **formulación de la propuesta de resolución** que se notificará en un plazo no superior a 15 días a los interesados, para formular alegaciones. En la propuesta de resolución se fijan los hechos que se consideren probados, la valoración de las pruebas practicadas, la exacta calificación jurídica de aquellos y la determinación de la persona responsable y de la sanción a imponer.

F.- Resolución definitiva del expediente disciplinario con los términos antes expuestos en la propuesta de resolución y las sanciones disciplinarias oportunas. Para las **faltas leves** se realizará un procedimiento sumario y simplificado, con audiencia a la persona interesada.

NORMATIVA LOCAL

1

REGLAMENTO DE CARRERA PROFESIONAL DE LOS EMPLEADOS DE LA DIPUTACIÓN DE ALICANTE

(Boletín Oficial de la Provincia de Alicante n.º 152 de 08/08/2024)

TÍTULO PRELIMINAR

Artículo 1. Objeto.

1. El presente Reglamento tiene por objeto el desarrollo de la carrera profesional horizontal del personal incluido en su ámbito de aplicación, de conformidad con lo establecido en los artículos 16.3, 17 y 20.3 del Real Decreto Legislativo 5/2015, de 30 de octubre, por el que se aprueba el texto refundido de la Ley del Estatuto Básico del Empleado Público, y los artículos 132 y 133 de la Ley 4/2021, de 16 de abril, de la Función Pública Valenciana.

Artículo 2. Ámbito de aplicación.

1. El modelo de carrera horizontal que desarrolla el presente Reglamento será de aplicación a los funcionarios de carrera, funcionarios interinos y personal laboral fijo de la Diputación de Alicante que se encuentren en situación de servicio activo o en cualquier otra que conlleve reserva de plaza o de un concreto puesto de trabajo, sin perjuicio de lo dispuesto en la Disposición Transitoria Primera.

2. A los efectos del presente Reglamento, el personal incluido en su ámbito de aplicación, será referido como 'el personal'.

Artículo 3. Derecho a la información.

1. El personal incluido en el ámbito de aplicación de este Reglamento, tendrá derecho a conocer, en cualquier momento, la situación de su expediente de carrera. La Diputación facilitará dicho acceso a través de los medios electrónicos establecidos al efecto, de conformidad con lo previsto en la normativa vigente.

2. La información recogida y registrada cumplirá con los requisitos exigidos por la 'Ley de Protección de Datos'.

TÍTULO I
CARRERA HORIZONTAL

CAPÍTULO I
Definición, características y estructura

Artículo 4. Definición.

1. La Carrera Profesional Horizontal supone el reconocimiento individualizado del desarrollo profesional alcanzado por el personal, sin necesidad de cambiar de puesto de trabajo, como consecuencia de la valoración de la trayectoria y actuación profesional, la calidad de los trabajos realizados, los conocimientos adquiridos y/o transferidos, el resultado de la evaluación del desempeño, así como otros méritos y aptitudes específicos de la función desarrollada, y que se manifiesta a través de una demostrable mejora en su desempeño profesional.

2. El Sistema de Carrera Profesional Horizontal se desarrolla conforme a los principios de igualdad, mérito, capacidad y publicidad, y su implantación debe conseguir un mayor grado de motivación e implicación del empleado en los objetivos de la organización, obteniendo con ello una mejora en la gestión de los servicios públicos.

Artículo 5. Características.

1. La progresión en la carrera horizontal reunirá las siguientes características:

a) Voluntaria: corresponde a cada persona decidir su incorporación al sistema de progresión en el grado personal en que consiste la carrera horizontal.

b) Individual: la carrera horizontal supone el reconocimiento individualizado del desarrollo y trayectoria profesional alcanzado por el personal.

c) De acceso consecutivo y gradual en el tiempo: el progreso en la carrera horizontal consiste en el acceso consecutivo a los distintos grados de desarrollo profesionales, en la categoría y puesto que se ocupa con carácter definitivo, previo cumplimiento de los requisitos recogidos en el presente Reglamento.

d) Retribuida por grados de desarrollo profesional.

e) Irreversible: el grado de desarrollo profesional alcanzado por el personal, será irreversible sin perjuicio de lo dispuesto en la regulación del régimen disciplinario para la sanción de demérito.

Artículo 6. Estructura y grados de la carrera.

1. La carrera se estructura mediante un sistema de grados de desarrollo profesional (en adelante GDP) a través de los cuales se progresará en cada uno de los grupos y subgrupos.

2. El sistema establece 6 grados de progresión que serán retribuidos mediante el complemento de carrera tras la superación de los requisitos exigidos. Dichos grados son:

a) GDP de Entrada.

b) GDP 1.

c) GDP 2.

d) GDP 3.

e) GDP 4.

f) GDP de Excelencia.

3. El grado de carrera profesional alcanzado por los empleados constará en su expediente personal.

CAPÍTULO II
Disposiciones generales para el acceso al sistema de carrera horizontal

Artículo 7. Inicio de la carrera.

1. La carrera horizontal del personal incluido en el ámbito de aplicación del presente Reglamento se iniciará en el GDP de Entrada, el cual se ostentará de forma automática desde la toma de posesión como funcionario de carrera o desde su nombramiento como funcionario interino y laboral fijo, siempre que no manifieste formalmente su renuncia, mediante el modelo normalizado, que será dirigido a la Presidencia de la Diputación.

2. Respecto al personal incluido en el presente Reglamento que a la fecha de entrada en vigor del mismo se encuentre en situación de servicio activo en Diputación o en cualquier otra situación que conlleve reserva de plaza o de un concreto puesto de trabajo, se estará a lo dispuesto en la Disposición Transitoria Segunda.

Artículo 8. Reconocimiento de los distintos grados personales.

1. El reconocimiento de los distintos GDP en que se estructura la carrera horizontal, excepto el GDP de Entrada que se ostentará de forma automática desde la toma de posesión, nombramiento o incorporación en la Diputación de Alicante, se producirá una vez verificado el cumplimiento de los requisitos establecidos para el progreso, actuando la Diputación de oficio, sin necesidad de solicitud alguna por parte del interesado, y sin perjuicio de lo dispuesto en la Disposición Transitoria Tercera.

2. Los efectos económicos y administrativos del reconocimiento, se devengarán el 1 de enero del año en el que tiene lugar la última evaluación del desempeño y siempre y cuando se cumplan los requisitos establecidos en el presente Reglamento para la progresión.

Artículo 9. Renuncia.

1. El personal incluido en el ámbito de aplicación del presente Reglamento, podrá renunciar, de forma expresa, al sistema de progresión en la carrera horizontal, en cualquier momento posterior al acto de toma de posesión.

2. La renuncia se comunicará por escrito, mediante modelo normalizado, y se dirigirá a la Presidencia de la Diputación. La Diputación aceptará de plano y declarará conclusa la progresión en la carrera horizontal.

3. La renuncia implicará la pérdida permanente de los GDP reconocidos, así como los derechos económicos asociados a los mismos desde el mes siguiente a la fecha de la resolución por la que se declare que se ha producido aquella.

4. En caso de solicitar, mediante modelo normalizado, el reingreso en la carrera este se realizará desde el GDP de Entrada.

CAPÍTULO III
Progresión en el sistema de carrera horizontal

Artículo 10. Progresión en la carrera horizontal.

1. La progresión en el sistema de carrera horizontal consistirá en el ascenso consecutivo a cada uno de los GDP previstos en el presente Reglamento y se realizará en la escala, especialidad o agrupación profesional en que el funcionario se encuentre en activo o en cualquier otra situación administrativa que conlleve reserva de plaza o de un concreto puesto de trabajo.

Artículo 11. Requisitos para la progresión en la carrera horizontal.

1. El acceso a un GDP superior requerirá el cumplimiento de los siguientes requisitos:

a) Completar el periodo de permanencia en el GDP inmediatamente anterior.

b) Acreditar tantas evaluaciones del desempeño positivas como años exigidos en el GDP inmediatamente anterior, permitiéndose una única evaluación negativa por grado para poder avanzar al grado superior. En caso de obtener una segunda evaluación negativa, se retrocederá al último año en el que se obtuvo una evaluación positiva; y, si dicho año fuese del GDP anterior, se situará en el primer año del GDP en el que se encuentre.

c) En el GDP de Excelencia, la obtención de una segunda evaluación negativa o la ausencia de evaluación no justificada según las causas eximentes recogidas en el presente Reglamento, supondrá la pérdida de un 5% del último grado obtenido, y así sucesivamente, hasta que se obtenga una nueva evaluación positiva.

2. Respecto al personal incluido en el presente Reglamento que a la fecha de entrada en vigor del mismo se encuentre en situación de servicio activo en Diputación o en cualquier otra situación que conlleve reserva de plaza o de un concreto puesto de trabajo, se estará a lo dispuesto en la Disposición Transitoria Segunda.

Artículo 12. Periodo de permanencia necesario para el reconocimiento de grado personal.

1. De acuerdo con lo dispuesto en el artículo anterior, será requisito para el reconocimiento de un GDP superior, la permanencia continuada o interrumpida en situación de servicio activo o en cualquier otra que conlleve reserva de plaza o de un concreto puesto de trabajo, en la correspondiente escala, especialidad o agrupación profesional, durante el periodo de tiempo que para cada grado personal se establece:

a) GDP de Entrada: 5 años.

b) GDP 1: 5 años.

c) GDP 2: 5 años.

d) GDP 3: 6 años.

e) GDP 4: 6 años.

f) GDP de Excelencia: hasta la jubilación.

Artículo 13. Proceso de evaluación para la progresión en la carrera horizontal.

1. El reconocimiento de los distintos GDP en que se estructura la carrera horizontal, conlleva el proceso de evaluación del desempeño que abarcará los siguientes bloques de valoración:

a) Las competencias del puesto.

b) Los objetivos individuales y colectivos.

c) La formación y su transferencia al puesto.

d) La innovación y la gestión del conocimiento.

2. Para el acceso a un GDP superior se considerará la valoración obtenida durante las anualidades correspondientes al grado en el que se encuentra.

Artículo 14. Tiempo mínimo exigido para poder realizar la evaluación del desempeño.

1. Con el fin de asegurar un tiempo suficiente para poder realizar la evaluación del desempeño, se exigirá un mínimo de 6 meses de servicio efectivo dentro del año natural.

2. A estos efectos, se entenderá como tiempo de servicio efectivo el tiempo dedicado al desempeño de las funciones del puesto, incluyendo las vacaciones, los días por asuntos particulares y cualquier otro permiso retribuido disfrutado dentro de dicho periodo.

3. Dicho tiempo, no será exigible en aquellas situaciones administrativas reguladas en el capítulo V del presente Reglamento, al tratarse de situaciones protegidas por precepto legal a efectos de la promoción y la progresión en la carrera:

a) Liberación sindical.

b) Incapacidad temporal por contingencias profesionales.

c) Suma del permiso por nacimiento, lactancia e incapacidad temporal derivada de embarazo o por riesgo durante el embarazo.

d) Incapacidad temporal por enfermedad grave recogida en el anexo del RD 1148/2011.

e) Permiso por cuidado de hijos menores afectados por cáncer u otra enfermedad grave recogida en el anexo del RD 1148/2011.

Artículo 15. Cambio de Grupo o Subgrupo y/o Puesto de Trabajo.

1. A los efectos del presente artículo, se entenderá como cambio de puesto de trabajo, la modificación de la denominación del puesto con cambio en la misión y las funciones asignadas al mismo; no considerándose tal caso, para el cambio de unidad organizativa, departamento o área funcional de desempeño.

2. En línea con lo anterior, cuando el personal cambie de puesto de trabajo, pero no de grupo o subgrupo de titulación, continuará percibiendo el complemento de carrera correspondiente a su grupo o subgrupo, retrocediendo al primer año del grado en el que se encuentre y se le realizará la evaluación del desempeño respecto de los cometidos del nuevo puesto.

3. Cuando acceda a otro grupo o subgrupo de titulación y cambie de puesto de trabajo, continuará el progreso en el nuevo grupo, desde el primer año del grado en el que se encuentre y se le realizará la evaluación del desempeño respecto de los cometidos del nuevo puesto.

4. Cuando, por el contrario, cambie de grupo o subgrupo, pero no de puesto de trabajo, continuará el progreso en el nuevo grupo, en el año y grado en el que se encuentre, pero no se le modificará el contenido de la evaluación del desempeño.

Artículo 16. Homologación de categorías, grados o niveles personales reconocidos en otras Administraciones Públicas.

1. Para la homologación de categorías personales, grados o niveles de la carrera horizontal que pudieran tener reconocidos los funcionarios procedentes de otras Administraciones Públicas, que mediante los procedimientos de movilidad interadministrativa fueran nombrados para el desempeño de puestos en la Diputación de Alicante, se estará a lo dispuesto en los convenios u otros instrumentos de colaboración que puedan ser suscritos entre las distintas Administraciones Públicas, de acuerdo con el principio de reciprocidad. En su defecto, se estudiará su homologación teniendo en cuenta los años que hayan estado en la carrera horizontal y el resto de documentación que aporten para la acreditación.

2. La solicitud de homologación se dirigirá a la Presidencia de la Diputación, adjuntando a la misma cuanta documentación se estime oportuna en orden al reconocimiento pretendido, que será acreditado por la Comisión de Carrera Profesional.

3. Los efectos económicos y administrativos del reconocimiento, se devengarán al mes siguiente de la solicitud.

CAPÍTULO IV
Retribución de los grados de desarrollo personales

Artículo 17. Complemento de carrera horizontal.

1. El reconocimiento expreso de los distintos GDP alcanzados en el sistema de carrera horizontal conllevará la percepción mensual del complemento de carrera horizontal, previsto el artículo 87.2. letra a) de la Ley 4/2021 de la Función Pública Valenciana.

2. Las cuantías correspondientes a los distintos GDP y grupos y subgrupos de titulación, incluidos en la carrera horizontal del personal al que se refiere el artículo 2 del presente Reglamento, serán las siguientes:

Grado	Complemento de Carrera
GDP Entrada	Complemento Grado de Entrada
GDP 1	Complemento Grado de Entrada + 15% del Salario Base mensual
GDP 2	Complemento Grado de Entrada + 30% del Salario Base mensual
GDP 3	Complemento Grado de Entrada + 40% del Salario Base mensual
GDP 4	Complemento Grado de Entrada + 50% del Salario Base mensual
GDP Excelencia	Complemento Grado de Entrada + 60% del Salario Base mensual

3. El complemento del Grado de Desarrollo Profesional de Entrada estará recogido en los presupuestos generales de la Diputación. Por su parte, el salario base será el recogido para cada anualidad en la Ley de Presupuestos Generales del Estado (LPGE).

4. Para el personal que se encuentre percibiendo el complemento de carrera y acceda a un cuerpo o escala de un grupo o subgrupo de titulación diferente, se estará a lo dispuesto en el artículo 15.3 del presente Reglamento.

5. Para el personal que se encuentre percibiendo el complemento de carrera y acceda al GDP de Excelencia, se estará a lo dispuesto en el artículo 11.c) del presente Reglamento.

CAPÍTULO V
Situaciones particulares

Artículo 18. Licencias sin sueldo.

1. El personal de la Diputación de Alicante que se encuentre disfrutando una licencia sin sueldo, tendrá derecho al cómputo del tiempo de permanencia en dicha situación, a efectos de la carrera horizontal, en el GDP reconocido.

2. La evaluación del desempeño se realizará de acuerdo a la regla general establecida en el artículo 14 sobre el tiempo mínimo exigido para su realización.

Artículo 19. Mejoras de Empleo.

1. El personal de la Diputación de Alicante que, con carácter provisional, pase a ocupar en mejora de empleo un puesto de trabajo, continuará el progreso en la carrera dentro del grupo o subgrupo del puesto de pertenencia, realizándosele la evaluación del desempeño respecto de los cometidos del nuevo puesto y de acuerdo a la regla general establecida en el artículo 14.

2. En caso de ocupar con carácter definitivo el puesto desempeñado en mejora de empleo se atenderá a lo establecido en el artículo 15.

Artículo 20. Comisión de Servicios.

1. El personal de la Diputación de Alicante que, con carácter provisional, pase a ocupar en comisión de servicios otro puesto de trabajo dentro de la

Diputación, continuará el progreso en la carrera dentro del grupo o subgrupo de su puesto de pertenencia, realizándosele la evaluación del desempeño respecto de los cometidos del nuevo puesto y de acuerdo a la regla general establecida en el artículo 14.

2. El personal de la Diputación de Alicante que, con carácter provisional, pase a desempeñar en comisión de servicios puestos en otras Administraciones y tenga reconocido un determinado GDP en la carrera horizontal, tendrá derecho, tras su retorno posterior a la Diputación, a incorporarse en su carrera, en el GDP y año reconocido, así como al cómputo del tiempo de los servicios prestados en dichas administraciones.

Artículo 21. Puestos con jornada de trabajo anual inferior a la ordinaria.

1. El personal que desempeñe puestos con jornada de trabajo anual inferior a la regulada, tendrá derecho, a efectos de la carrera horizontal, al cómputo del tiempo en dichos puestos en los mismos términos que el personal con jornada laboral ordinaria. Si bien, los requisitos establecidos para la evaluación del desempeño, se reducirán proporcionalmente al tiempo de jornada efectiva y el complemento de carrera sufrirá las mismas modificaciones que el resto de conceptos retributivos.

Artículo 22. Incapacidad temporal.

1. El personal en situación de incapacidad temporal tendrá derecho al cómputo del tiempo en dicha situación, a efectos de carrera horizontal, en el GDP reconocido.

2. En los supuestos de incapacidad temporal por contingencias comunes, la evaluación del desempeño se realizará de acuerdo a la regla general establecida en el artículo 14, sobre el tiempo mínimo exigido para su realización.

3. En aquellos supuestos en que la incapacidad temporal se deba a contingencias profesionales o incapacidad temporal referida en el artículo 14.3.d) y no se alcance el tiempo mínimo necesario para realizar la evaluación del desempeño, la ausencia de evaluación no computará a efectos de la no progresión.

Artículo 23. Servicios en otras Administraciones Públicas.

1. El reconocimiento por la Diputación de Alicante de las categorías personales, grados o niveles que pudieran haber alcanzado sus funcionarios en situación de servicios en otras Administraciones Públicas en el sistema de carrera horizontal de dichas administraciones, requerirá la previa solicitud de homologación. Para su valoración se estará a lo dispuesto en los convenios u otros instrumentos de colaboración que puedan ser suscritos entre las distintas Administraciones Públicas, de acuerdo con el principio de reciprocidad. En su defecto, se estudiará su homologación teniendo en cuenta los años que hayan estado en la carrera horizontal y el resto de documentación que aporte para la acreditación.

Artículo 24. Garantías para la conciliación de la vida personal, laboral y familiar.

1. El tiempo de permiso por nacimiento, paternidad, adopción o acogimiento, computará a efectos de la carrera, realizándose la evaluación del desempeño de acuerdo a la regla general establecida en el artículo 14.

2. En aquellos supuestos en que como consecuencia de la suma del permiso por nacimiento, lactancia e incapacidad temporal derivada de embarazo o por riesgo durante el embarazo, no se alcance el tiempo mínimo necesario para realizar la evaluación del desempeño, la ausencia de evaluación no computará a efectos de la no progresión.

3. El personal que preste sus servicios en la modalidad de teletrabajo, se le computará el tiempo de permanencia en dicha modalidad a efectos de la carrera horizontal. Igualmente, estará sujeto al requisito de la evaluación del desempeño en los mismos términos que el personal que se encuentra en la modalidad de trabajo presencial.

Artículo 25. Excedencia voluntaria por interés particular.

1. El personal de la Diputación de Alicante que se encuentre disfrutando una excedencia por interés particular y tenga reconocido un determinado GDP en la carrera horizontal, tendrá derecho, tras su retorno posterior a la Diputación, a incorporarse en su carrera, en el grado y año personal reconocido.

Artículo 26. Liberación sindical.

1. Al personal que se encuentre en situación de liberación sindical le serán de aplicación los siguientes criterios:

a) Si el tiempo de liberación sindical es total, o lo que es lo mismo, equivalente al 100 de la jornada ordinaria anual, se computará dicho tiempo a afectos de la carrera horizontal y se darán por superados los requisitos de la evaluación del desempeño.

b) Si el tiempo de liberación sindical es parcial, se computará dicho tiempo a efectos de la carrera horizontal, pero se le hará la evaluación del desempeño respecto de su puesto de trabajo. Si bien, los requisitos establecidos para la misma, se ajustarán al tiempo de jornada efectiva en su puesto de trabajo.

Artículo 27. Excedencia por cuidado de familiares, por motivo de violencia de género y violencia terrorista.

1. El personal que se encuentre en cualquiera de estas situaciones tendrá derecho al cómputo del tiempo de permanencia en las mismas, a efectos de la carrera horizontal, en el GDP reconocido.

2. La evaluación del desempeño se realizará de acuerdo a la regla general establecida en el artículo 14.

Artículo 28. Servicios especiales.

1. El personal que se encuentre en situación de servicios especiales tendrá derecho al cómputo del tiempo de permanencia en dicha situación, a efectos de la carrera horizontal, en el GDP reconocido.

2. La evaluación del desempeño se realizará de acuerdo a la regla general establecida en el artículo 14.

Artículo 29.- Comisión de Carrera Horizontal y Evaluación del Desempeño.

1. La Comisión de Carrera Profesional, constituida en virtud de Decreto de la Sra. Diputada de Administración General y Hacienda, nº 2820 de 5 de agosto de 2020, será la encargada de ejercer las funciones que se le atribuye en el articulado de este Reglamento y de proponer la resolución de cuantas dudas surjan en su aplicación.

Artículo 30. Habilitación de desarrollo.

1. Se habilita al Ilmo. Sr. Presidente o quien ostente las competencias en materia de Personal por su delegación para dictar las disposiciones necesarias para la ejecución y desarrollo del presente Reglamento.

DISPOSICIONES TRANSITORIAS

Disposición Transitoria Primera

1. El personal laboral indefinido no fijo, queda incluido en el ámbito de aplicación del presente Reglamento en los mismos términos que el personal funcionario. Una vez reúnan la condición de funcionario, continuarán la progresión en el sistema de carrera en el GDP en el que estuvieran.

Disposición Transitoria Segunda

1. El personal funcionario de carrera, funcionario interino o laboral fijo que a la fecha de entrada en vigor del presente Reglamento se encuentre en situación de servicio activo o en cualquier otra que conlleve reserva de plaza o de un concreto puesto de trabajo, se iniciará en el grado de entrada de acuerdo a las reglas recogidas en este Reglamento, siempre que no manifieste formalmente su renuncia mediante modelo normalizado dirigido a la Presidencia de la Diputación.

2. El citado personal tendrá derecho, además, al percibo de un grado de entrada Avanzado que vendrá previsto en los presupuestos generales de esta Diputación, que se percibirá hasta que se produzca la evaluación prevista en el art. 13, en cuyo momento se encuadrarán en el GDP que corresponda de conformidad con lo previsto en este Reglamento según el número de años que resulte de multiplicar su antigüedad reconocida por 0'55.

3. El percibo de la cantidad señalada en el apartado anterior vendrá condicionado a la previa consecución de dos objetivos: la implantación del modelo de dirección por objetivos vinculado al sistema de gestión ISO vigente; y la definición del mapa de competencias de sus puestos de trabajo.

4. La verificación del cumplimiento de los objetivos, así como el reparto concreto de las cantidades consignadas en los presupuestos de esta diputación provincial se efectuará en los términos y con arreglo a los criterios que determine la Comisión de Carrera a que hace referencia el artículo 29.

Disposición Transitoria Tercera

1. El reconocimiento de oficio por parte de la Diputación, de los distintos GDP en que se estructura la carrera horizontal, se hará efectivo cuando esta cuente con sistemas de información, seguros e integrados, que permitan verificar el cumplimiento de los requisitos establecidos para la progresión.

2. En tanto en cuanto esto se produzca, será el interesado quien deba solicitar la progresión, una vez dé por cumplidos los requisitos, mediante escrito normalizado dirigido a la Presidencia de la Diputación.

DISPOSICIONES ADICIONALES

Disposición Adicional Primera

Toda referencia hecha al género masculino en el presente Reglamento incluye necesariamente su homónimo en femenino. Los géneros han sido empleados conforme a la práctica y uso generalmente admitidos en aras a la agilidad lingüística.

Disposición Adicional Segunda

Cualquier situación excepcional, no contemplada en las situaciones administrativas reguladas en el presente Reglamento, será objeto de estudio y resolución por parte de la Comisión de Carrera Horizontal y Evaluación del Desempeño.

2

REGLAMENTO ORGÁNICO DE GOBIERNO Y ADMINISTRACIÓN DEL AYUNTAMIENTO DE VALÈNCIA

Texto normativo

- Acuerdo plenario de aprobación del texto completo de la norma 28 de enero de 2021.

- Fecha de publicación BOP del texto íntegro aprobado 9 de febrero de 2021.

- Fecha de entrada en vigor 24 de febrero 2021.

Corrección de errores

- Acuerdo plenario aprobación corrección errores 26 de junio de 2021.

- Fecha publicación en el BOP de la corrección 7 de julio de 2021.

Modificaciones

- Acuerdo plenario de aprobación del texto modificativo 13 de julio de 2022.

- Fecha publicación en el BOP de la modificación aprobada 4 de agosto de 2022.

- Fecha de entrada en vigor de la modificación 6 de agosto de 2022.

- Acuerdo plenario de aprobación de la modificación puntual el 26 de enero de 2023.

- Fecha publicación en el BOP de la modificación puntual aprobada el 14 de abril de 2023.

- Fecha de entrada en vigor de la modificación puntual 3 de mayo 2023.

TÍTULO PRELIMINAR
Disposiciones generales

Artículo 1. Objeto y finalidad del Reglamento orgánico de gobierno y administración.

1. Este reglamento regula la organización del gobierno y administración del Ayuntamiento de València, excluidos el Pleno y sus comisiones, que se rigen por su propia norma orgánica.

2. Con la finalidad de establecer el modelo de organización más idóneo para el gobierno de la ciudad y conseguir la máxima proximidad de la gestión administrativa a los ciudadanos, se desarrolla y completa el régimen jurídico de los municipios de gran población, que es de aplicación directa al municipio de València.

Artículo 2. Principios generales de organización y funcionamiento.

El Ayuntamiento de València se organiza con sujeción a los principios de división funcional en áreas de gobierno, gestión desconcentrada en Distritos y gestión descentralizada funcionalmente en organismos públicos y otras entidades del sector público, y actúa de acuerdo con los principios de legalidad, eficacia y eficiencia, coordinación, servicio efectivo a la ciudadanía y demás principios rectores aplicables a las Administraciones Públicas.

Artículo 3. Principio de servicio objetivo al interés general.

1. El Ayuntamiento de València sirve con objetividad los intereses generales del municipio para asegurar el progreso y el bienestar de la ciudadanía, en especial el de las vecinas y vecinos de la ciudad.

2. En sus relaciones con la ciudadanía, la Administración Municipal asegurará la plena efectividad de los derechos y la mejora continua de la calidad de los servicios que presta e impulsará la utilización de las tecnologías de la información y la comunicación para alcanzar estos fines.

3. La actividad municipal se sujetará a los principios de sostenibilidad económica, social y ambiental de las infraestructuras, las dotaciones, los equipamientos y los servicios públicos. También procurará fomentar la igualdad entre mujeres y hombres y la protección de la infancia, la juventud y la familia, así como, la defensa de las personas mayores, las personas con discapacidad y en situación de vulnerabilidad.

Artículo 4. Principio de participación democrática.

La organización y funcionamiento del Ayuntamiento de València garantizará la más amplia participación democrática en el gobierno municipal, la transparencia en el ejercicio de las funciones de gobierno y administración municipal y la máxima proximidad de la gestión corporativa a los intereses de las vecinas y vecinos. Además, facilitará la intervención activa del vecindario en la toma de decisiones.

Artículo 5. Principio de gestión responsable.

1. El Ayuntamiento de València ejerce sus competencias propias con plena autonomía y responsabilidad, atendiendo siempre a la debida coordinación en su programación y ejecución con las restantes Administraciones Públicas y, en particular, con la Generalitat Valenciana.

2. Los órganos municipales son responsables del desarrollo de sus atribuciones y cumplimiento de sus obligaciones. La responsabilidad de los concejales y concejalas será exigible en los términos previstos en la normativa básica del Régimen Local y en la normativa estatal y autonómica que resulte de aplicación obligatoria.

Artículo 6. Autonomía municipal y colaboración interadministrativa.

1. El Ayuntamiento ejerce sus competencias en el marco de la autonomía municipal reconocida y protegida por la Constitución Española y la Carta Europea de la Autonomía Local y, en su defensa, adoptará las medidas administrativas y ejercerá las acciones procesales oportunas frente a cualquier actuación o situación que constituya una vulneración del contenido constitucionalmente protegido de la autonomía local.

2. En sus relaciones con otras Administraciones Públicas, el Ayuntamiento se ajustará a los principios de información, colaboración y respeto de los respectivos ámbitos competenciales y, en consecuencia, coordinará el ejercicio de sus competencias:

a) cuando se refieran a actividades o servicios que trasciendan el interés municipal específico,

b) cuando incidan o condicionen de forma relevante los intereses propios de otras Administraciones,

c) siempre que sean concurrentes o complementarias de las ejercidas por otras entidades públicas.

3. Las competencias delegadas las ejercerá en los términos concretos de la delegación. Las técnicas de dirección y control que, de acuerdo con la normativa vigente, se establezcan por la administración delegante respetarán en todo caso la potestad de auto organización municipal.

Artículo 7. Relaciones entre los órganos municipales.

1. Corresponde al alcalde o alcaldesa establecer las directrices generales de la acción de gobierno municipal y asegurar su continuidad, sin perjuicio de la acción colegiada de colaboración que realiza la Junta de Gobierno Local.

2. Los órganos municipales superiores coordinarán la actuación de los inferiores en el desarrollo de las responsabilidades de gobierno y administración del municipio y podrán dirigir la actuación de los órganos inferiores mediante instrucciones y órdenes.

3.Los órganos del Ayuntamiento de València y de sus organismos dependientes cooperarán entre sí en todo momento para el cumplimiento de los objetivos de la Corporación.

4. Los conflictos de atribuciones que surjan entre los órganos municipales y los que puedan plantearse respecto de las entidades dependientes se resolverán por el Pleno cuando afecten a órganos colegiados y a los miembros de estos y por el alcalde o alcaldesa en los demás casos, de acuerdo con lo regulado en la legislación básica del régimen local.

5. La delegación y avocación de atribuciones, las encomiendas de gestión, las delegaciones de firma, las suplencias y sustituciones entre los órganos municipales y de las entidades de su sector público se ajustarán a lo dispuesto por las leyes generales del régimen jurídico público.

Artículo 8. Lenguas oficiales.

El gobierno y la administración municipal tienen como lenguas oficiales el valenciano y el castellano. Su funcionamiento, oral y escrito, podrá llevarse a cabo indistintamente en uno u otro idioma y se respetará, en todo caso, el derecho a elegir el idioma para relacionarse con la Administración de los ciudadanos, así como de los miembros de la Corporación y de los empleados públicos, de modo que toda documentación, escrito e iniciativa de cualquier tipo, se debe emitir o contestar de forma preferentemente bilingüe si los medios lo permiten, y en todo caso en la misma lengua oficial con la que se haya dirigido el interesado o interesada, sin que pueda obligársele a instarlo o solicitarlo expresamente.

TÍTULO I
Organización del Ayuntamiento de València

Artículo 9. Organización administrativa del Ayuntamiento de València.

1. La organización administrativa del Ayuntamiento de València se estructura en órganos centrales, órganos territoriales desconcentrados y entidades u organismos descentralizados del sector público local.

2. Los órganos centrales ejercen sus competencias en todo el término municipal.

3. Los órganos territoriales desconcentrados ejercen sus competencias en el ámbito de cada distrito.

4. Los organismos públicos asumen la gestión directa de los servicios municipales en los términos previstos en la legislación de régimen local, en el presente reglamento orgánico y en sus propios estatutos. Los organismos públicos se clasifican en organismos autónomos locales o entidades públicas empresariales locales.

5. El Ayuntamiento también podrá crear otro tipo de entidades del sector público, conforme a lo previsto en la legislación aplicable.

Artículo 10. Órganos superiores y directivos.

1. Los órganos del Ayuntamiento de València se clasifican en órganos superiores y órganos directivos.

2. Son órganos superiores del Ayuntamiento de València:

a. El alcalde o alcaldesa b. Los concejales y concejalas que formen parte de la Junta de Gobierno Local.

A los efectos de este reglamento, también tienen la consideración de órganos superiores los concejales delegados y las concejalas delegadas y los concejales y concejalas que ostente la presidencia de un distrito, en el ámbito de sus competencias.

3. Son órganos directivos del Ayuntamiento de València:

- Los coordinadores o coordinadoras generales de cada área o concejalía.

- Los directores o directoras generales u órganos similares que culminen la organización administrativa dentro de cada una de las grandes áreas o concejalías.

- La persona titular del órgano de apoyo a la Junta de Gobierno Local y a su concejal-secretario o concejala-secretaria, que recibe el nombre de Secretario o Secretaria General de la Administración Municipal.

- La persona titular de la Asesoría Jurídica que recibe el nombre de Advocat o Advocada de la Ciutat.

- La persona titular de la Secretaría General del Pleno que recibe el nombre de Secretario o Secretaria General y del Pleno.

- El Interventor o Interventora General Municipal.

- La persona que ostente la Presidencia del Jurado Tributario, conforme al reglamento que lo regula.

- Tendrán también la consideración de órganos directivos, los y las titulares de los máximos órganos de dirección de los organismos autónomos y de las entidades públicas empresariales locales.

4. Corresponde a los órganos superiores el ejercicio de las funciones de dirección, planificación y coordinación política. Corresponde a los órganos directivos la ejecución de las decisiones adoptadas por los órganos superiores y el ejercicio de las competencias que les sean atribuidas por delegación.

5. Los restantes órganos y unidades del Ayuntamiento de València dependerán directamente de alguno de los órganos superiores o directivos, en el ámbito específico de sus competencias.

6. Las personas titulares de los órganos directivos señalados en el apartado 1.B) c), e), f) y g) del artículo 130 de la Ley 7/ 1985, de 2 de abril, reguladora de las Bases de Régimen Local forman parte del sistema de empleo público y, por lo tanto, su nombramiento y régimen jurídico se ajustarán a las normas que sobre función pública les sean aplicables.

Las personas titulares de órganos directivos señalados en el resto de apartados del artículo 130 mencionado no forman parte del sistema de empleo público, con independencia del requisito de ser funcionario de carrera para ocupar alguno, y tendrán a todos los efectos legales la consideración de alto cargo, con el sistema de controles y responsabilidad que les sea aplicable.

Artículo 11. Creación, modificación y supresión de Servicios y unidades administrativas.

Los Servicios de cada área de gobierno o delegación se crean, modifican o suprimen mediante Resolución de la Alcaldía.

Las unidades administrativas de nivel inferior a Servicio y los demás puestos de trabajo se crean, modifican o suprimen a propuesta del titular del área de gobierno o Delegación correspondiente, a través de la relación de puestos de trabajo, que se aprobará de acuerdo con lo dispuesto en la legislación de régimen local.

TÍTULO II
De la Alcaldía

Artículo 12. Disposiciones generales.

1. La Alcaldía de València ostenta la presidencia de la Corporación y la máxima representación del municipio y le corresponde la superior dirección y coordinación del gobierno y de la administración municipal.

2. La Alcaldía es responsable de su gestión política ante el Pleno del Ayuntamiento, y su nombramiento y cese se rigen por lo dispuesto en la Ley Orgánica 5/1985, de 19 de junio, del Régimen Electoral General.

3. La persona titular de la Alcaldía de València tendrá el tratamiento de Excelencia.

Artículo 13. Atribuciones de la Alcaldía.

1. Corresponden a la Alcaldía de València las atribuciones previstas en la Ley 7/1985, de 2 de abril, reguladora de las Bases del Régimen Local, y cualesquiera otras que le atribuyan las leyes del Estado o de la Comunidad Valenciana.

2. Corresponden igualmente a la Alcaldía de València las restantes atribuciones que las leyes del Estado o de la Comunidad Valenciana atribuyan genéricamente al municipio de València sin especificar el órgano municipal que debe asumir su titularidad.

3. Las atribuciones que corresponden a la Alcaldía de València como titular de la presidencia del Pleno del Ayuntamiento se regirá por lo dispuesto en el Reglamento orgánico del Pleno.

Artículo 14. Régimen jurídico de la delegación de competencias.

1. El alcalde o alcaldesa, cuando lo estime conveniente y existan circunstancias de índole técnica, económica, social o jurídica que lo aconsejen, podrá delegar mediante Resolución el ejercicio de alguna de sus competencias en la Junta de Gobierno Local, en sus integrantes o en los demás concejales o concejalas, así como en los coordinadores, coordinadoras y directores o directoras generales u órganos similares. La delegación de competencias se efectuará dentro de los límites que establece el artículo 124.5 de la Ley 7/1985, de 2 de abril, reguladora de las Bases del Régimen Local.

2. La Resolución de delegación fijará el alcance de la misma, especificando si se trata de una delegación genérica o para un cometido específico.

En la Resolución de delegación se hará constar con claridad el ámbito funcional de la delegación, las facultades concretas que se delegan, las condiciones específicas para el ejercicio de tales facultades y la extensión temporal de la misma.

3. Las delegaciones de la Alcaldía surtirán efectos desde el día siguiente a la fecha de la Resolución, salvo que en éste se disponga otra cosa, sin perjuicio de su publicación en el Boletín Oficial de la Provincia.

Artículo 15. Suplencia de la Alcaldía.

1. En casos de vacante, ausencia, abstención legal o enfermedad, la Alcaldía será sustituido por los y las tenientes de alcalde por su orden de nombramiento.

2. En los supuestos de suplencia del alcalde por razones de ausencia o enfermedad, el o la teniente de alcalde que asuma sus funciones no podrá revocar las delegaciones que hubiese otorgado el primero.

Artículo 16. Renuncia de la Alcaldía.

1. La Alcaldía podrá renunciar a su cargo sin perder por ello la condición de concejal o concejala.

2. La renuncia deberá formalizarse por escrito y remitirse al Pleno del Ayuntamiento, que deberá adoptar acuerdo de conocimiento dentro de los diez días siguientes a su presentación.

3. En caso de renuncia de la Alcaldía, la vacante se cubrirá en la forma prevista en la Ley Orgánica reguladora del Régimen Electoral General.

Artículo 17. Bandos, Resoluciones e Instrucciones de la Alcaldía.

1. En el ejercicio de sus competencias, la Alcaldía podrá aprobar Bandos y Resoluciones, así como dictar Instrucciones.

2. Los Bandos de la Alcaldía podrán ser meramente recordatorios de una obligación contenida en las disposiciones de carácter general, o de adopción de medidas excepcionales de carácter singular y temporal, por razones de extraordinaria urgencia.

Los Bandos de la Alcaldía que adopten medidas excepcionales por razones de extraordinaria urgencia será inmediatamente comunicada al Pleno.

Los Bandos de la Alcaldía se publicarán en la forma prevista en la Ley 7/1985, de 2 de abril, reguladora de las Bases del Régimen Local, así como en el espacio web oficial del Ayuntamiento de València.

3. Las Resoluciones serán notificadas a cuantos tengan interés directo y legítimo en la materia y se publicarán en el Boletín Oficial de la Provincia cuando así lo exija la legislación vigente o cuando la Alcaldía lo considere necesario para su general conocimiento, difundiéndose también a través del espacio web oficial del Ayuntamiento de València.

4. La Alcaldía podrá dictar Instrucciones para dirigir la actividad de los órganos municipales en el desempeño ordinario de sus competencias.

Artículo 18. Órganos de asistencia directa a la Alcaldía: Gabinete de la Alcaldía.

1. El Gabinete de la Alcaldía es el órgano de asistencia directa y asesoramiento inmediato y permanente a la Alcaldía.

2. El Gabinete de la Alcaldía puede estar integrado por funcionarios de carrera, asesores y colaboradores, teniendo los asesores y colaboradores la condición de personal eventual.

Su nombramiento y cese corresponde en exclusiva a la Alcaldía mediante Resolución, cesando automáticamente al hacerlo éste.

TÍTULO III
De la Junta de Gobierno Local

CAPÍTULO I
Disposiciones generales

Artículo 19. Definición y naturaleza.

La Junta de Gobierno Local es el órgano superior que, bajo la presidencia de la Alcaldía, colabora de forma colegiada en la función de dirección política que a éste corresponde y ejerce las funciones ejecutivas y administrativas previstas en la legislación de régimen local y en el presente reglamento orgánico.

Artículo 20. Composición y nombramiento.

La Alcaldía asume la presidencia de la Junta de Gobierno Local y nombra y separa libremente a las demás personas que integran la misma, cuyo número no podrá exceder de un tercio del número legal de miembros de la Corporación.

Artículo 21. Concejal-secretario o concejala-secretaria de la Junta de Gobierno Local.

1. La Alcaldía nombrará al concejal-secretario o concejala-secretaria de la Junta de Gobierno Local entre las personas integrantes de la misma que ostenten la condición de concejal o concejala, así como a la persona suplente.

Redactará las actas de las sesiones y certificará los acuerdos adoptados.

2. La suplencia del concejal-secretario o concejala-secretaria de la Junta de Gobierno Local en los casos de vacante ausencia o enfermedad corresponderá a la persona integrante de la Junta que se haya designada suplente y, en ausencia de éste, a la persona integrante de la Junta de Gobierno Local que determine el alcalde o alcaldesa.

CAPÍTULO II
Competencias

Artículo 22. Competencias de la Junta de Gobierno Local.

La Junta de Gobierno Local tendrá las atribuciones previstas en el artículo 127 de la Ley 7/1985, de 2 de abril, reguladora de las Bases del Régimen Local y en cualesquiera otras leyes del Estado o de la Comunidad Valenciana en materia de régimen local.

Artículo 23. Régimen jurídico de la delegación de competencias.

1. La Junta de Gobierno Local, a propuesta de cualquier de las personas que la integran, podrá delegar mediante acuerdo el ejercicio de alguna de sus atribuciones en los tenientes y las tenientes de alcalde, en los demás concejales y concejalas, en los coordinadores y coordinadoras generales, directores y directoras generales u órganos similares. La delegación de competencias se efectuará dentro de los límites que establece el artículo 127.2 de la Ley 7/1985, de 2 de abril, reguladora de las Bases del Régimen Local.

2. El acuerdo de delegación fijará el alcance de la misma, especificando si se trata de una delegación genérica o para un cometido específico y se hará constar con claridad el ámbito funcional de la delegación, las facultades concretas que se delegan, las condiciones específicas para el ejercicio de tales facultades y la extensión temporal de la misma.

3. Las delegaciones de la Junta de Gobierno Local surtirán efectos desde el día siguiente a la fecha de su acuerdo, salvo que en éste se disponga otra cosa, sin perjuicio de su publicación en el Boletín Oficial de la Provincia.

CAPÍTULO III
Funcionamiento de la Junta de Gobierno Local

Artículo 24. Régimen de las sesiones.

1. Para la válida constitución de la Junta de Gobierno Local se requerirá la presencia de la Alcaldía o del o de la teniente de alcalde a quien corresponda la suplencia, y de un tercio al menos de las personas que integran la Junta de Gobierno Local entre los que deberá estar el concejal-secretario o concejala secretaria de la misma o quien le sustituya con arreglo a lo dispuesto en el presente reglamento orgánico.

La Junta de Gobierno Local celebra sus sesiones de manera presencial. No obstante, el propio órgano de gobierno podrá autorizar la participación a distancia en una o diversas sesiones de quien o quienes lo soliciten por causa debidamente justificada, siempre que puedan cumplirse las condiciones de seguridad jurídica reguladas para las sesiones no presenciales por la legislación básica de régimen local y por la legislación sobre régimen jurídico del sector público.

2. Las sesiones de la Junta de Gobierno Local podrán ser ordinarias, extraordinarias o extraordinarias de carácter urgente.

3. Las sesiones ordinarias serán convocadas por la Alcaldía para el despacho de los asuntos regulares que afecten al gobierno del Ayuntamiento de València.

Se celebrarán con una periodicidad semanal, sin perjuicio de lo que se disponga en las normas que apruebe la Junta para su propio funcionamiento o en su régimen de sesiones.

Las sesiones extraordinarias serán convocadas por la Alcaldía cuando lo estime necesario para el despacho de asuntos de especial relevancia o complejidad.

Las sesiones extraordinarias de carácter urgente se constituirán sin que sean aplicables los requisitos formales de la convocatoria previa, regulados en el artículo siguiente, cuando así lo decida la Alcaldía.

En todos estos casos se deben cumplir los requisitos previstos en el apartado primero.

4. Las sesiones de la Junta de Gobierno Local se celebrarán en el edificio municipal en el que tenga su sede la Alcaldía, salvo que la propia Alcaldía decida su celebración en otro edificio municipal.

5. A las sesiones de la Junta de Gobierno Local podrán asistir concejales y concejalas no pertenecientes a la misma y titulares de órganos directivos, cuando sean expresamente convocados por la Alcaldía.

Artículo 25. Convocatoria.

1. Las sesiones ordinarias y extraordinarias de la Junta de Gobierno Local serán convocadas por la Alcaldía con al menos veinticuatro horas de antelación.

2. Las sesiones ordinarias y extraordinarias de la Junta de Gobierno Local podrán convocarse a través de medios telemáticos o dispositivos móviles que permitan acreditar suficientemente la recepción por sus destinatarios.

3. Las sesiones ordinarias y extraordinarias de la Junta de Gobierno Local serán anunciadas, inmediatamente después de su convocatoria, en el espacio web oficial del Ayuntamiento de València, donde se dará información suficiente del orden del día y de los asuntos a tratar.

Artículo 26. Orden del día.

1. Corresponde a la Alcaldía la fijación del orden del día de las sesiones de la Junta de Gobierno Local.

2. El orden del día será remitido a todas las personas que integran la Junta de Gobierno Local en el momento de la convocatoria. También se remitirá el orden del día, con los enlaces de acceso a los expedientes electrónicos relacionados en la convocatoria, a los y las portavoces de los Grupos Políticos Municipales.

3. A los efectos de fijar el orden del día, la persona que ostente la Secretaría General de la Administración Municipal elevará a la Alcaldía la relación de expedientes conclusos relativos a materias que vayan a someterse a debate en la Junta de Gobierno Local.

4. Por razones de urgencia, la Alcaldía podrá someter a la Junta de Gobierno Local asuntos no incluidos en el orden del día.

Artículo 27. Deliberaciones de la Junta de Gobierno Local.

1. Las sesiones de la Junta de Gobierno Local no serán públicas en ningún caso. No obstante, sus actas se remitirán a todas las personas que integran la misma, a los y las portavoces de los Grupos Políticos Municipales y a la Intervención General.

2. Quienes asistan a las sesiones de la Junta de Gobierno Local están obligados a guardar secreto sobre las opiniones y deliberaciones emitidas en el

transcurso de las mismas.

3. La Alcaldía dirigirá, según su prudente criterio, los debates y deliberaciones de la Junta de Gobierno Local.

Artículo 28. Acuerdos de la Junta de Gobierno Local.

1. Las decisiones que adopte la Junta de Gobierno Local en el ejercicio de sus competencias tomarán la forma de acuerdos.

2. El concejal-secretario o concejala-secretaria de la Junta de Gobierno Local certificará los acuerdos adoptados y los remitirá, junto con el expediente, al Servicio encargado de su tramitación.

3. Extendidas las certificaciones a que se refiere el apartado anterior, corresponde a la persona que ostente la Secretaría General de la Administración Municipal el ejercicio de las funciones de fe pública a las que se refiere la Disposición Adicional Octava de la Ley 7/1985, de 2 de abril, reguladora de las Bases del Régimen Local.

Artículo 29. Actas de las sesiones.

1. El concejal-secretario o concejala-secretaria de la Junta de Gobierno Local extenderá el acta de cada sesión, recogiendo los acuerdos adoptados.

2. En el acta de la sesión constará la fecha, la hora de comienzo y de finalización, los nombres de las personas asistentes, los asuntos tratados y los acuerdos adoptados.

Artículo 30. Publicidad de los acuerdos.

Los acuerdos de la Junta de Gobierno Local se publicarán en la forma prevista en la Ley 7/1985, de 2 de abril, reguladora de las Bases del Régimen Local, así como en el espacio web oficial del Ayuntamiento de València.

CAPÍTULO IV
Organización de la Junta de Gobierno Local

Artículo 31. Órgano de apoyo a la Junta de Gobierno Local y al concejal secretario o concejala-secretaria.

1. El órgano de apoyo a la Junta de Gobierno Local y al concejal-secretario o concejala-secretaria de la misma se denomina Secretario o Secretaria General de la Administración Municipal.

2. El secretario o secretaria general de la Administración Municipal tendrá carácter de órgano directivo y será nombrado por la Junta de Gobierno Local, a propuesta del alcalde o alcaldesa, entre funcionarios de Administración Local con habilitación de carácter nacional.

3. Le corresponde el ejercicio de las siguientes funciones:

a. La asistencia al concejal-secretario o concejala-secretaria de la Junta de Gobierno Local.

b. La remisión de las convocatorias de las sesiones a las personas que integran la Junta de Gobierno Local.

c. El archivo y custodia de las convocatorias, órdenes del día y actas de las sesiones de la Junta de Gobierno Local.

d. La correcta y fiel comunicación de los acuerdos adoptados por la Junta de Gobierno Local.

e. Las funciones de fe pública, salvo aquellas que estén atribuidas al secretario o secretaria general y del Pleno, al concejal-secretario o concejala-secretaria de la Junta de Gobierno Local o a los secretarios o secretarias de los Consejos de Administración de las entidades públicas empresariales locales. Esta competencia podrá delegarse en otros funcionarios.

f. La Secretaría de los Consejos Rectores de los organismos autónomos locales.

g. La coordinación de las distintas Secretarías en cuanto a las atribuciones propias de la Secretaría General de la Administración Municipal.

h. La dirección funcional de los registros públicos y de actas que se encuentren bajo su dependencia orgánica.

i. La remisión a la Administración General del Estado y a la Comunidad Valenciana de copia o, en su caso, extracto de los actos y acuerdos de los órganos decisorios del Ayuntamiento, sin perjuicio de las competencias atribuidas en este sentido al secretario o secretaria general del Pleno.

4. Las funciones de fe pública que corresponden a la persona titular de la Secretaría General de la Administración Municipal serán ejercidas en los términos establecidos en las normas que regulan el régimen jurídico de los funcionarios de Administración Local con habilitación de carácter nacional, de acuerdo con lo previsto en la Disposición Adicional Octava de la Ley 7/1985, de 2 de abril, reguladora de las Bases del Régimen Local.

CAPÍTULO V
Relaciones con el Pleno y responsabilidad política de la Junta de Gobierno Local

Artículo 32. Relaciones con el Pleno.

1. La Junta de Gobierno Local, como órgano colegiado de colaboración en el ejercicio de las funciones de gobierno que corresponden a la Alcaldía, responde solidariamente de su gestión política ante el Pleno del Ayuntamiento de València, sin perjuicio de la responsabilidad directa de cada uno de sus miembros por su gestión.

2. Las relaciones de la Junta de Gobierno Local con el Pleno se regirán por lo dispuesto en el Reglamento orgánico del Pleno.

Artículo 33. Responsabilidad política de la Junta de Gobierno Local.

1. La responsabilidad política de la Junta de Gobierno Local será indisociable de la de la Alcaldía, y sólo podrá exigirse ante el Pleno a través de la moción de censura o del debate y votación de la cuestión de confianza a la Alcaldía, en los términos previstos en la Ley Orgánica reguladora del Régimen Electoral General.

2. La retirada de la confianza en el alcalde o alcaldesa comportará necesariamente la disolución de la Junta de Gobierno Local y el nombramiento de un nuevo gobierno.

TÍTULO IV
De los y las tenientes de alcalde y de las personas que integran el gobierno municipal

CAPÍTULO I
Tenencias de Alcaldía

Artículo 34. Disposiciones generales.

1. El alcalde o alcaldesa nombrará a las tenientes y los tenientes de alcalde mediante Resolución, especificando el orden de su nombramiento, entre los concejales y concejalas que formen parte de la Junta de Gobierno Local.

2. La Alcaldía podrá nombrar uno o más vicealcaldes o vicealcaldesas, denominación que recaerá, en su caso, en los tenientes de alcalde por su orden de nombramiento.

3. Las personas que sean nombradas tenientes de alcalde tendrán el tratamiento de Ilustrísima.

Artículo 35. Competencias.

Los y las tenientes de alcalde tendrán las competencias previstas en la legislación de régimen local y, en todo caso, las siguientes:

a. La sustitución del alcalde o alcaldesa con arreglo al orden de su nombramiento, en los casos de ausencia o enfermedad.

b. La sustitución del alcalde o alcaldesa en todas sus funciones, con arreglo al orden de su nombramiento, en los casos de vacante de la Alcaldía por renuncia de su titular, fallecimiento o sentencia firme que comporte la pérdida de la condición, hasta la toma de posesión del nuevo alcalde o alcaldesa.

c. La sustitución de la Alcaldía en actuaciones concretas, por expreso mandato de éste o cuando por imperativo legal el alcalde o alcaldesa deba abstenerse de intervenir.

d. La dirección, coordinación y gestión de las materias propias del área de gobierno que les haya delegado genéricamente la Alcaldía o la Junta de Gobierno Local.

e. Cualesquiera otras que, de acuerdo con lo dispuesto en la legislación de régimen local, les delegue la Alcaldía o la Junta de Gobierno Local.

CAPÍTULO II
Del gobierno municipal

Artículo 36. De los y las tenientes de alcalde.

La Alcaldía distribuirá la responsabilidad de las distintas áreas de gobierno del Ayuntamiento de València entre los tenientes y las tenientas de alcalde, integrantes de la Junta de Gobierno Local.

Artículo 37. Concejales delegados y concejalas delegadas.

1. Los concejales delegados y concejalas delegadas se nombrarán por la Alcaldía mediante Resolución de entre los concejales y concejalas que libremente determine la Alcaldía, para asumir responsabilidades directivas políticas concretas en un ámbito de materias correspondiente a un área de gobierno. El ámbito material sobre el que ejercen sus funciones se denomina Delegación.

2. Los concejales delegados y las concejalas delegadas, sin perjuicio de las facultades de la Alcaldía de dirección de la política, el gobierno y la administración municipal, dependerán directamente del teniente o tenienta de alcalde responsable o titular del área de gobierno a la que estén adscritas las Delegaciones, y actuarán en todo momento con sujeción a las directrices establecidas por aquel, sin perjuicio de la responsabilidad política por su gestión ante el Pleno de la Corporación.

Artículo 38. Forma de los actos.

Las decisiones administrativas que adopten los miembros del gobierno tomarán la forma de Resoluciones.

TÍTULO V
De la administración del Ayuntamiento de València

CAPÍTULO I
Órganos centrales

Sección 1.ª De las áreas de gobierno

Artículo 39. Definición de las áreas de gobierno.

1. Las áreas de gobierno son los niveles esenciales de la organización administrativa municipal, y comprenden cada una de ellas uno o varios sectores funcionalmente homogéneos de materias de competencia de la administración del municipio.

2. El número de áreas de gobierno del Ayuntamiento de València no podrá exceder del número de miembros de la Junta de Gobierno Local, excluida la Alcaldía.

3. Conforme a lo dispuesto en el artículo 124.4.k) de la Ley 7/1985, de 2 de abril, reguladora de las Bases del Régimen Local, en relación con el artículo 24 123.1.c) del mismo cuerpo legal, corresponde al alcalde determinar el número total, denominación y competencias de las áreas de gobierno.

Artículo 40. Estructura y organización de las áreas de gobierno.

Para ejercer las competencias y desarrollar las funciones de gobierno y administración que les correspondan, las áreas de gobierno, integran una o más concejalías delegadas. En dichas áreas de gobierno podrá existir un coordinador o coordinadora general, y se estructurarán por bloques de competencias de naturaleza homogénea a través de una o más Direcciones Generales o Servicios municipales.

Artículo 41. Ordenación jerárquica.

1. Los tenientes y tenientas de alcalde, de quien dependen a su vez los concejales delegados y las concejalas delegadas, son responsables superiores del área o áreas correspondientes.

2. Los órganos directivos profesionales dependen de alguna de las personas anteriores y se ordenan jerárquicamente del siguiente modo: coordinador o coordinadora general y director o directora general.

Sección 2.ª Órganos superiores de las áreas

Artículo 42. Tenientes y tenientas de alcalde.

Los tenientes y las tenientes de alcalde son responsables políticos de las áreas de gobierno que tienen asignadas por la Alcaldía.

Tienen encomendada la superior dirección de las áreas de gobierno y ejercen en las mismas las siguientes funciones:

a. La dirección, planificación y coordinación del área de gobierno.

b. La definición de los objetivos del área de gobierno, la aprobación de los planes de actuación y la administración de los recursos necesarios para su ejecución, de acuerdo con las normas presupuestarias correspondientes.

c. La remisión al Pleno del Ayuntamiento de las propuestas que correspondan a su área de gobierno.

d. La presentación a la Junta de Gobierno Local de los anteproyectos de ordenanzas, reglamentos y demás disposiciones municipales de carácter normativo.

e. La presentación a la Junta de Gobierno Local de propuestas de acuerdos cuya aprobación corresponda a ésta, y que se refieran a materias comprendidas en su ámbito de competencias.

f. La presentación al alcalde o alcaldesa de los proyectos de organización y estructura de su área de gobierno.

g. El seguimiento y evaluación de la gestión realizada por el personal adscrito a su área de gobierno y el control de eficacia en el cumplimiento de los objetivos del área.

h. El seguimiento, evaluación e inspección de la gestión realizada por los organismos públicos adscritos a su área de gobierno, así como el resto de las funciones con respecto a los mismos que establece el artículo 85 bis de la Ley 7/1985, de 2 de abril, reguladora de las Bases del Régimen Local.

i. La jefatura del personal de su área de gobierno, sin perjuicio de las funciones de jefatura superior de todo el personal del Ayuntamiento que corresponden al alcalde o alcaldesa.

j. La resolución de los conflictos que se planteen entre órganos pertenecientes a su área de gobierno.

k. Cualesquiera otras funciones que les encomiende la legislación de régimen local del Estado o de la Comunidad Valenciana, así como las restantes funciones que les atribuya el presente reglamento orgánico.

Artículo 43. Los concejales delegados y las concejalas delegadas.

Los concejales delegados y las concejalas delegadas son los responsables políticos de las Delegaciones que la Alcaldía les asigne.

Bajo la dirección de la Tenencia de Alcaldía del área, tienen encomendada la dirección de la actividad de su Delegación, que versará sobre un conjunto homogéneo de materias de competencia del área de gobierno a la que se encuentren adscritos.

Sección 3.ª Órganos directivos

Artículo 44. Coordinadores y coordinadoras generales.

Los coordinadores y coordinadoras generales dependen directamente de la persona titular del área de gobierno, y los corresponden las funciones de coordinación de las diferentes direcciones generales, direcciones de servicios o órganos asimilados que integran el área de gobierno y las otras funciones que los delegan el alcalde o alcaldesa o la Junta de Gobierno.

Artículo 45. Nombramiento y cese.

1. El nombramiento de los coordinadores y coordinadoras generales y de los directores y directoras generales, atendiendo a criterios de competencia profesional y experiencia profesional, deberá efectuarse por la Junta de Gobierno Local, entre funcionarios o funcionarias de carrera del Estado, de las Comunidades Autónomas, de las Entidades Locales o con habilitación de carácter nacional que pertenezcan a cuerpos o escalas clasificados en el subgrupo A1, salvo que, en atención a las características específicas de las funciones de tales órganos directivos, su titular no reúna dicha condición de funcionario. Esta excepción deberá acreditarse en el acuerdo de creación del correspondiente órgano directivo.

2. En este caso, los nombramientos tendrán que efectuarse motivadamente y de acuerdo con criterios de competencia profesional y experiencia en el desempeño de lugares de responsabilidad en la gestión pública y privada y se reservan para lugares que no exijan el ejercicio de potestades públicas o de autoridad.

Artículo 46. Funciones de los coordinadores y las coordinadoras generales.

1. Los coordinadores y coordinadoras generales tienen encomendadas funciones de coordinación y dirección de los servicios administrativos de cada área de gobierno, teniendo capacidad para dictar actos administrativos por delegación de la Alcaldía o de la Junta de Gobierno. Los directores y directoras generales tienen también capacidad para dictar actos administrativos por delegación de Alcaldía o de la Junta de Gobierno.

2. Si en una misma área de gobierno, se nombrara más de un coordinador o coordinadora general, el decreto de su estructura tendrá que delimitar los sectores de actividad sobre los cuales actuará cada cual.

3. El perfil que pueden adoptar las coordinaciones generales viene determinado por:

a. las competencias que si procede pueden delegar en ellas la Alcaldía y la Junta de Gobierno Local.

b. las funciones propias o específicas de este órgano directivo.

Artículo 47. Competencias de la Coordinación General.

1. Las competencias de las coordinaciones generales, que deberán de ser concretadas en el acuerdo de creación, pueden ser:

a. de carácter delegable por la Alcaldía o la Junta de Gobierno Local, o b. propias y específicas del rol a desarrollar en la organización.

2. Los coordinadores o coordinadoras generales pueden ejercer las competencias delegadas por la Alcaldía y la Junta de Gobierno que se regulan en los artículos 124.5 y 127.2 de la Ley 7/1985, de 2 de abril, reguladora de las Bases del Régimen Local.

3. Las competencias propias de la función de la coordinación general:

a. La dirección y gestión de las direcciones generales de su competencia si las hay.

b. La coordinación de la gestión de los servicios comunes de cada área de gobierno.

c. Participar en la definición de las políticas públicas de su ámbito, garantizando la adecuación a la realidad y la viabilidad práctica.

d. Participar en la gobernanza de su ámbito de responsabilidad y promover las relaciones relevantes, para llevar a buen término los objetivos.

e. Llevar a cabo la planificación estratégica que hay que seguir y fijar los objetivos operativos de las prioridades de mandato o de plan de gobierno.

f. Impulsar la ejecución de las acciones necesarias para el logro de los objetivos establecidos, hacer el seguimiento y emprender, cuando haga falta, acciones de mejora.

g. Gestionar los recursos materiales, tecnológicos y económicos con criterios de eficacia, eficiencia y sostenibilidad social, financiera y medioambiental.

h. Liderar, dirigir, coordinar y desarrollar las direcciones generales y/o los servicios y/o equipos profesionales propios de su ámbito.

i. Evaluar la eficiencia de los procesos, el desempeño profesional y los resultados logrados, para facilitar la toma de decisiones y para rendir cuentas.

j. Velar por una comunicación pública clara, veraz y transparente.

k. Liderar políticas de mejora continua y de innovación en su ámbito de actuación.

l. Las que específicamente se los atribuyan por acuerdo de la Junta de Gobierno.

4. Las competencias específicas serán aquellas que son propias y específicas del sector o del ámbito de actuación de la coordinación general y que le serán asignadas por la Junta de Gobierno.

Artículo 48. Funciones de los directores y las directoras generales.

Las personas al frente de una dirección general son las titulares de los órganos directivos a los cuales corresponde, bajo la dependencia directa de un coordinador o coordinadora general o de un concejal o concejala de área de gobierno, sector o delegación, la dirección y gestión de uno o varios ámbitos de competencias funcionalmente homogéneos.

A todos los efectos, les corresponden en sus respectivos ámbitos de responsabilidad, las funciones que se fijarán por la Junta de Gobierno Local al adoptar el acuerdo de creación y nombramiento.

Se aplican las mismas reglas de nombramiento, cese y régimen jurídico que a las coordinaciones generales, incluidas las relativas a la excepción de nombramiento de personas no funcionarias.

Sección 4.ª Definición, composición y funciones de la Secretaría Municipal

Artículo 49. De la Secretaría Municipal.

1. La Secretaría Municipal se configura como una unidad administrativa dependiente directamente de la Alcaldía a la que corresponde realizar las funciones determinadas en los términos previstos en la ley básica de régimen local y demás disposiciones de aplicación.

2. La Secretaría Municipal estará formada por funcionarios y funcionarias de Administración local con habilitación de carácter nacional, subescala secretaría, categoría superior.

3. La Secretaría Municipal estará integrada por los funcionarios o funcionarias siguientes:

a. La persona titular de la Secretaría General y del Pleno, que tendrá las funciones previstas en el art. 122.5 de la Ley 7/1985, de 2 de abril, reguladora de las Bases del Régimen Local y en el Reglamento orgánico del Pleno del Ayuntamiento de València.

b. La persona titular de la Secretaría General de la Administración Municipal, que tendrá las funciones correspondientes al titular del órgano de apoyo a la Junta de Gobierno Local y al concejal-secretario o concejala-secretaria de la misma, en los términos establecidos en el artículo 126.4 de la Ley 7/1985, de 2 de abril, reguladora de las Bases del Régimen Local, y en el presente reglamento orgánico.

c. Los secretarios o secretarias encargados de la coordinación jurídico administrativa de las áreas y servicios que tengan encomendados. Sus nombramientos se regirán por lo dispuesto en el artículo siguiente.

4. La suplencia de la Secretaría General y del Pleno o de la Secretaría General de la Administración Municipal corresponde a la persona titular de la Vicesecretaría General, designada entre los secretarios o secretarias del Ayuntamiento, por el procedimiento previsto en el artículo siguiente.

5. En ausencia de la persona titular de la Vicesecretaría, las funciones de la Secretaría General y del Pleno o de la Secretaría General de la Administración Municipal serán desempeñadas por cualquier otra persona funcionaria con habilitación de carácter nacional que ostente una secretaría municipal del Ayuntamiento.

Artículo 50. Nombramiento y funciones de los secretarios y secretarias.

1. El nombramiento de los secretarios o secretarias se efectuará entre personal funcionario de Administración local con habilitación de carácter nacional, en los términos previstos en el artículo 92 bis, en relación con la Disposición Adicional Octava de la Ley 7/1985, de 2 de abril, reguladora de las Bases del Régimen Local.

2. Las personas titulares de una secretaría municipal ejercerán las siguientes funciones:

a. La de fe pública, en los términos en que dicha función les sea atribuida por delegación de la Secretaría General y del Pleno o de la Secretaría General de la Administración Municipal.

b. La de asesoramiento legal preceptivo, según lo dispuesto en el Real Decreto 128/2018, de 16 de marzo, por el que se regula el régimen jurídico de los funcionarios de Administración local con habilitación de carácter nacional y en el Título X de la Ley 7/1985, de 2 de abril, reguladora de las Bases de Régimen Local y en los términos en que dicha función le sea atribuida por la delegación de la Secretaría General y del Pleno.

c. Las funciones de secretaría de los organismos autónomos municipales, en los términos en que dichas funciones les sean atribuidas por delegación de la Secretaría General de la Administración Municipal.

d. Las restantes funciones que les encomienden los órganos municipales en el ámbito de sus competencias.

Así mismo, también corresponderán a la Secretaría municipal funciones de dirección y coordinación jurídica de la actividad administrativa de los servicios integrados en las áreas de actividad municipal, salvo los adscritos a la Intervención General municipal y a la Tesorería municipal, que corresponderán a estas últimas, y sin perjuicio de las que correspondan a los órganos directivos que, en el ámbito de la administración del Ayuntamiento, pueda crear la Junta de Gobierno Local, todo esto en el marco de las disposiciones del reglamento orgánico correspondiente.

Con independencia de las funciones que correspondan a los órganos directivos de acuerdo con la legislación básica de régimen local, la coordinación de la Secretaría municipal corresponderá a la persona titular de la Secretaría del Pleno.

Sección 5.ª De la Asesoría Jurídica Municipal

Artículo 51. Naturaleza Jurídica.

1. La Asesoría Jurídica del Ayuntamiento de València es el órgano administrativo responsable de la asistencia jurídica a la Alcaldía, a la Junta de Gobierno Local y a los órganos directivos, comprensiva del asesoramiento jurídico y de la representación y defensa en juicio del Ayuntamiento y de sus organismos públicos, sin perjuicio de las funciones reservadas por la legislación de régimen local a otros órganos administrativos.

2. La Asesoría Jurídica municipal está adscrita a la Alcaldía del Ayuntamiento de València.

3. En el cumplimento de sus funciones, la Asesoría Jurídica goza de independencia funcional con relación al contenido de sus informes y actuaciones judiciales, que estarán siempre sujetos a criterios jurídicos objetivos.

Artículo 52. Composición.

La Asesoría Jurídica municipal está integrada por el Advocat o Advocada de la Ciutat, el letrado o letrada mayor, los letrados o letradas coordinadores, los letrados o letradas asesores, el procurador o procuradora municipal y el resto del personal funcionario en puestos de administración general, adscritos a esta unidad.

Artículo 53. Letrado o letrada titular de la Asesoría Jurídica.

1. El letrado o letrada titular de la Asesoría Jurídica municipal recibe la denominación histórica de Advocat o Advocada de la Ciutat.

2. El Advocat o Advocada de la Ciutat tiene carácter de órgano directivo.

3. El nombramiento y cese del Advocat o Advocada de la Ciutat corresponde a la Junta de Gobierno Local, a propuesta de la Alcaldía, y se realizará entre personas de reconocida competencia jurídica que reúnan los siguientes requisitos:

a. Estar en posesión del título de licenciado o grado en Derecho.

b. Ostentar la condición de funcionario o funcionaria de carrera de administración local con habilitación de carácter nacional, o bien funcionaria o funcionario de carrera del Estado, de las Comunidades Autónomas o de las Entidades Locales que pertenezcan a cuerpos o escalas clasificados en el subgrupo A1.

Sección 6.ª De la Hacienda Municipal

Artículo 54. Intervención General del Ayuntamiento de València.

1. La función pública de control y fiscalización interna de la gestión económico financiera y presupuestaria corresponderá a un órgano administrativo, con la denominación de Intervención General.

2. La persona titular de la Intervención Municipal se denominará Interventor o Interventora General Municipal, y será nombrada en la forma prevista en la legislación básica de régimen local.

3. Corresponde a la Intervención General del Ayuntamiento de València la función pública de control y fiscalización interna de la gestión económico financiera y presupuestaria, en su triple acepción de función interventora, función de control financiero y función de control de eficacia.

4. Además, como órgano de control y fiscalización interna de la gestión económico-financiera, tendrá las funciones que la legislación estatal y autonómica le atribuyen y, en todo caso, la emisión de informes, dictámenes y propuestas que en materia económico-financiera o presupuestaria le haya sido solicitadas por la Presidencia, o a la misma por un tercio de los conceja-

les, o cuando se trate de materias para las que legalmente se exija una mayoría especial, en los términos previstos en la legislación vigente, así como el dictamen sobre la procedencia de nuevos servicios o reforma de los existentes a efectos de la evaluación de la repercusión económico-financiera de las respectivas propuestas. Si en el debate se ha planteado alguna cuestión sobre cuyas repercusiones presupuestarias pudiera dudarse, podrán solicitar al presidente el uso de la palabra para asesorar a la Corporación.

5. La Intervención General quedará adscrita orgánicamente al área de gobierno con competencias en materia de hacienda, si bien ejercerá sus funciones con plena autonomía respecto de los órganos y entidades municipales y cargos directivos cuya gestión fiscalice, teniendo completo acceso a la contabilidad y a cuantos documentos sean necesarios para el ejercicio de sus funciones.

6. En los supuestos de vacante, ausencia o enfermedad, las funciones de la persona titular de la Intervención General Municipal serán desempeñadas por la persona responsable de la Vice intervención, que deberá reunir la condición de funcionario o funcionaria de Administración local con habilitación de carácter nacional. Si no se hubiese nombrado a la responsable de la Vice intervención o en los supuestos de ausencia o enfermedad de ésta, la suplencia corresponderá a un funcionario o funcionaria de Administración local con habilitación de carácter nacional.

7. De conformidad con lo previsto en el artículo 3.1 de la Ley 40/2015, de 1 de octubre, de Régimen Jurídico del Sector Público, se le atribuye a la Intervención General la función de armonización del Área de Hacienda, sin perjuicio de la separación de funciones entre los distintos órganos del área dispuesta en el artículo 133 de la Ley 7/1985, de 2 de abril, reguladora de las Bases de Régimen Local.

Artículo 55. Intervención de Contabilidad y Presupuestos.

1. Las funciones públicas que corresponden al órgano administrativo de gestión presupuestaria y contable se ejercerán por la Intervención de Contabilidad y Presupuestos.

2. La persona titular de la Intervención de Contabilidad y Presupuestos se denominará Interventor/a de Contabilidad y Presupuestos, quién deberá reunir la condición de funcionario/a de Administración local con habilitación de carácter nacional y será nombrada en la forma prevista en el artículo 78 de este reglamento orgánico.

3. La Intervención de Contabilidad y Presupuestos quedará adscrito al área de gobierno con competencias en materia de hacienda y dependerá directamente de la persona titular del área, sin perjuicio de las competencias atribuidas por la legislación de régimen local y por el presente reglamento orgánico a los órganos superiores del Ayuntamiento de València.

4. Corresponden a la Intervención de Contabilidad y Presupuestos las funciones de contabilidad que la legislación estatal y autonómica le atribuye y en particular:

a. Llevar y desarrollar la contabilidad financiera y la de ejecución del presupuesto de la Entidad Local.

b. Formar la Cuenta General de la Entidad Local.

c. Formar, con arreglo a criterios usualmente aceptados, los estados integrados y consolidados de las cuentas que determine el Pleno de la Corporación.

d. Coordinar las funciones o actividades contables de la Entidad Local, emitiendo las instrucciones técnicas oportunas e inspeccionando su aplicación.

e. Organizar un adecuado sistema de archivo y conservación de toda la documentación e información contable.

f. Inspeccionar la contabilidad de los organismos autónomos, de las sociedades mercantiles dependientes de la Entidad Local, así como de sus entidades públicas empresariales, de acuerdo con los procedimientos que establezca el Pleno.

g. Elaborar la información de la ejecución presupuestaria en los plazos y con la periodicidad que el Pleno establezca.

h. La gestión del registro contable de facturas y su seguimiento para cumplir los objetivos que determine la normativa sobre morosidad.

5. Corresponden a la Intervención de Contabilidad y Presupuestos las siguientes funciones de presupuestación, que se ejercerán con sujeción a lo dispuesto en la normativa vigente en materia presupuestaria:

a. La preparación del proyecto de presupuesto general del Ayuntamiento de València.

b. El establecimiento de las técnicas presupuestarias que deben utilizarse para la elaboración del presupuesto general del Ayuntamiento de València.

c. La incoación de los expedientes de créditos extraordinarios y suplementos de crédito, así como la elevación de la propuesta de resolución al órgano competente.

d. El seguimiento y la ordenación general del proceso de ejecución del presupuesto.

e. La coordinación y asesoramiento en materia presupuestaria a los distintos órganos del Ayuntamiento de València.

f. El seguimiento y la gestión de los ingresos por transferencias corrientes y de capital.

g. La información sobre el cumplimiento de los objetivos de estabilidad presupuestaria.

h. La emisión de los informes de contenido presupuestario exigidos por la normativa vigente.

i. La elaboración de los planes financieros que hubieran de realizarse por la Administración Municipal y, en su caso, su elevación al órgano competente para su tramitación.

j. Las funciones que le sean atribuidas por delegación y las demás competencias relacionadas con el presupuesto general del Ayuntamiento de València que no estén expresamente atribuidas a otros órganos.

En los supuestos de vacante, ausencia o enfermedad, las funciones de la persona titular de la Intervención de Contabilidad y Presupuestos, serán desempeñadas por la persona titular de la Vice intervención de Contabilidad, que deberá reunir la condición de funcionario o funcionaria de Administración local con habilitación de carácter nacional. Si no se hubiese nombrado a la persona responsable de la Vice intervención o en los supuestos de ausencia o enfermedad de ésta, la suplencia corresponderá a un funcionario o funcionaria de Administración local con habilitación de carácter nacional.

Artículo 56. Tesorería Municipal.

1. Las funciones de Tesorería, Gestión Tributaria y Recaudación, se ejercerán por la Tesorería Municipal.

2. La función de Tesorería comprende:

- La titularidad y dirección de la Tesorería Municipal.

- El manejo y custodia de fondos, valores y efectos de la Entidad Local, de conformidad con lo establecido en las disposiciones legales vigentes y, en particular:

1º La formación de los planes, calendarios y presupuestos de Tesorería, distribuyendo en el tiempo las disponibilidades dinerarias de la Entidad para la puntual satisfacción de sus obligaciones, atendiendo a las prioridades legalmente establecidas, conforme a los acuerdos adoptados por la Corporación, que incluirán información relativa a la previsión de pago a proveedores de forma que se garantice el cumplimiento del plazo máximo que fija la normativa sobre morosidad.

2º La organización de la custodia de fondos, valores y efectos, de conformidad con las directrices señaladas por la Presidencia.

3º La realización de los cobros y los pagos de conformidad con lo dispuesto en la normativa vigente, el Plan de Disposición de Fondos y las directrices señaladas por la Presidencia, autorizando junto con el ordenador de pagos y el interventor los pagos materiales contra las cuentas bancarias correspondientes.

4º La suscripción de las actas de arqueo.

- La elaboración de los informes que determine la normativa sobre morosidad relativa al cumplimiento de los plazos previstos legalmente para el pago de las obligaciones.

- La dirección de los servicios de gestión financiera de la Entidad Local y la propuesta de concertación o modificación de operaciones de endeudamiento y su gestión, de acuerdo con las directrices de los órganos competentes de la Corporación.

- La elaboración y acreditación del periodo medio de pago a proveedores de la Entidad Local.

3. La función de gestión tributaria y recaudación comprende:

- La jefatura de los servicios de gestión tributaria y recaudación.

- La dirección, coordinación e impulso de los procedimientos de gestión tributaria y recaudación.

- La autorización de los pliegos de cargo de valores.

- Dictar providencias de apremio en los expedientes administrativos de este carácter y, en todo caso, resolver los recursos contra la misma y autorizar la subasta de los bienes embargados.

- La tramitación de expedientes de responsabilidad que procedan en la gestión recaudatoria.

- La recaudación de todos aquellos ingresos de derecho público no tributarios, que de conformidad con la normativa vigente se le atribuya.

4. La persona titular de la Tesorería Municipal se denomina Tesorero o Tesorera General Municipal, y será nombrada en la forma prevista en la legislación básica de régimen local.

5. La Tesorería Municipal quedará adscrita al área de gobierno con competencias en materia de Hacienda y dependerá directamente de la persona titular del área, sin perjuicio de las competencias atribuidas por la legislación de régimen local y por el presente reglamento orgánico a los órganos superiores del Ayuntamiento de València.

6. En los supuestos de vacante, ausencia o enfermedad, las funciones de la persona titular de la Tesorería General Municipal serán desempeñadas por la persona titular de la Vice tesorería, que deberá reunir la condición de funcionario o funcionaria de Administración Local con habilitación de carácter nacional. Si no se hubiese nombrado a la persona responsable de la Vice tesorería o en los supuestos de ausencia o enfermedad de ésta, la suplencia corresponderá a un funcionario o funcionaria de Administración Local con habilitación de carácter nacional.

CAPÍTULO II
Órganos territoriales desconcentrados

Sección 1.ª Disposiciones generales

Artículo 57. Los distritos.

1. En los términos previstos en el artículo 128 de la Ley 7/1985, de 2 de abril, reguladora de las Bases de Régimen Local, los distritos constituyen divisiones territoriales del municipio de València, dotados de órganos de gestión desconcentrada para el impulso y desarrollo de la participación ciudadana en la gestión de los asuntos municipales, sin perjuicio de la unidad de gobierno y gestión del municipio.

2. Cuando las previsiones sobre el desarrollo futuro del municipio de València lo aconsejan, el Pleno del Ayuntamiento podrá variar el número y demarcación de los distritos; para lo cual atenderá a criterios geográficos, demográficos y de dotación de equipamiento y servicios de la población.

Artículo 58. Definición y naturaleza de las Juntas Municipales de Distrito.

1. El gobierno y administración de cada distrito corresponde a las Juntas Municipales de Distrito y al concejal presidente o concejala presidenta de estas, sin perjuicio de aquellas competencias que pudieran encargarse a otros órganos municipales.

2. Las Juntas Municipales de Distrito son órganos de gestión desconcentrada, la finalidad de las cuales es aproximar la gestión municipal a los vecinos y vecinas e incentivar su participación en los asuntos de competencia municipal, sin perjuicio de la unidad de gobierno y administración del Ayuntamiento de València.

3. Las Juntas Municipales de Distrito ejercerán todas las competencias ejecutivas o administrativas que les sean atribuidas por delegación de la Alcaldía o de la Junta de Gobierno Local.

Artículo 59. Ámbito territorial de las juntas municipales de Distrito.

1. Las Juntas Municipales de Distrito se constituyen en el Ayuntamiento de València, con el ámbito territorial siguiente:

a. Junta Municipal de Ciutat Vella: comprende los barrios de Carme, el Pilar, Sant Francesc, el Mercado, la Sede y la Xerea.

b. Junta Municipal de Russafa: comprende los barrios de Russafa, Pla del Remei y Gran Vía, Monteolivete, Malilla, Fuente de San Luís, Na Rovella, Ciudad de las Artes y las Ciencias y En Corts.

c. Junta Municipal de Abastos: comprende los barrios de Nou Moles, Soternes, Tres Forques, la Fuensanta y la Luz, así como el Botánico, la Roqueta, la Petxina y Arrancapins.

d. Junta Municipal de Patraix: comprende los barrios de la Raiosa, el Huerto de Senabre, la Cruz Cubierta, San Marcelino, Camino Real, Patraix, San Isidro, Vara de Quart, Safranar y Favara.

e. Junta Municipal de Trànsits: comprende los barrios de Campanar, Tendetes, el Calvari, Sant Pau, Benicalap, Ciudad Fallera, Marxalenes, Morvedre, Torrefiel, Trinidad, Tormos, San Antonio y Orriols.

f. Junta Municipal de Exposición: comprende los barrios de Sant Llorenç, Benimaclet, Camino de Vera, Exposición, Mestalla, Jaume Roig y Ciudad Universitaria.

g. Junta Municipal de Marítimo: comprende los barrios del Grao, el Cabañal Cañamelar, la Malvarrosa, Beteró, Nazaret, Ayora, Albors, la Cruz del Grao, Camino Hondo, Peña-Roja, la Isla Perdida, Ciudad Jardín, la Amistad, la Vega Baja y la Carrasca.

h. Junta Municipal de Pueblos del Norte: comprende Benifaraig, Pueblo Nuevo, Carpesa, Casas de Bárcena, Mauella, Massarrojos y Borbotó.

i. Junta Municipal de los Pueblos de Benimàmet-Beniferri: comprende Benimàmet y Beniferri.

j. Junta Municipal de Pueblos del Sur: comprende Horno de Alcedo, Castellar Oliveral, Pinedo, el Saler, el Palmar, el Perellonet, la Torre, Faitanar, Font d'En Corts y La Punta.

2. La división en distritos a que se refiere el párrafo anterior, lo será solo a los efectos determinados por la Ley 7/1985, de 2 de abril, reguladora de las Bases de Régimen Local, sin afectar otras divisiones existentes a efectos estadísticos, electorales y de otro orden que pudieran establecerse.

Sección 2.ª Organización y funcionamiento de las Juntas Municipales de Distrito

Artículo 60. Órganos de la Junta Municipal de Distrito.

1. La Junta Municipal de Distrito está formada por el presidente o presidenta, el vicepresidente o vicepresidenta y el consejo.

2. El Consejo de la Junta Municipal de Distrito está integrado por el presidente o presidenta, el vicepresidente o vicepresidenta y las vocalías, que se determinan conforme al presente reglamento orgánico.

Artículo 61. Presidencia y Vicepresidencia de la Junta Municipal de Distrito.

Las personas titulares de la presidencia y la vicepresidencia de la Junta Municipal de Distrito serán nombradas y cesadas libremente por la Alcaldía entre los concejales y concejalas del Ayuntamiento de València.

Artículo 62. Vocales de la Junta Municipal de Distrito.

1. El número de vocales de las juntas municipales de distrito será acordado por el Pleno del Ayuntamiento de València en la primera sesión que celebre después de la sesión constitutiva y no podrá ser inferior al número de grupos políticos municipales con representación en el Pleno.

2. La Alcaldía determinará por Resolución el número de vocales que corresponde proponer a cada grupo político municipal, que será proporcional al número de concejales y concejalas que cada grupo tiene en el Pleno del Ayuntamiento.

3. El nombramiento de las vocalías de cada Junta Municipal de Distrito se realizará por la Alcaldía de acuerdo con la propuesta que realizan los grupos políticos municipales.

4. Podrán ser propuestos como vocales las personas que estén empadronadas en el ámbito territorial del distrito, y también aquellas personas ligadas con vínculos familiares o de análoga convivencia afectiva, o con entidades culturales, sociales, deportivas, etc. del ámbito territorial de la Junta, por haber sido titulares o suplentes de esa misma Junta Municipal en mandatos anteriores, o incluso por razón del lugar de trabajo de las personas que puedan ser vocales, valorados estos vínculos a juicio de los grupos políticos proponentes, siempre que residan legalmente en la ciudad de València.

5. No podrán ser propuestos como vocales aquellos vecinos o vecinas que se encuentren incursos en alguna de las causas de inelegibilidad o de incompatibilidad con la condición de concejal o concejala que establece la Ley Orgánica 5/1985, de 19 de junio, del Régimen Electoral General.

6. El ejercicio del cargo de vocal de la Junta Municipal de Distrito no será retribuido.

Artículo 63. Pérdida de la condición de vocal de la Junta Municipal de Distrito.

Las personas nombradas vocales de las Juntas Municipales de Distrito serán cesadas por la Alcaldía en los supuestos siguientes:

a. Cuando sobrevenga alguna causa de incompatibilidad.

b. Cuando el grupo político municipal que propuso su nombramiento, proponga al alcalde o alcaldesa su cese o sustitución.

c. Por dimisión del o de la vocal, cuando la presidencia de la Junta Municipal de Distrito admite la renuncia.

d. Por ausencia injustificada a tres sesiones ordinarias consecutivas del Consejo de la Junta Municipal de Distrito, o a cinco reuniones alternas, en el plazo de un año. En dichos supuestos se dará audiencia al interesado, previamente a resolver sobre el cese.

Artículo 64. Duración de los cargos.

Excepto en los supuestos de cese, el mandato del presidente o presidenta, de la vicepresidencia y de las vocalías de la Junta Municipal de Distrito acabará cuando finalice el mandato corporativo en el que hayan sido nombrados.

Artículo 65. Régimen de las sesiones del Consejo de la Junta Municipal de Distrito.

1. El Consejo de la Junta Municipal de Distrito podrá celebrar sesiones ordinarias y sesiones extraordinarias.

2. Las sesiones ordinarias tendrán una periodicidad trimestral. En cada sesión se fijará la fecha y hora del próximo Consejo, pudiendo ser modificada por causas justificadas y siempre que la fecha sea posterior a la fijada.

3. Las sesiones extraordinarias serán convocadas por la presidencia de la Junta Municipal de Distrito siempre que lo solicite:

a. La Alcaldía.

b. La presidencia de la Junta Municipal de Distrito.

c. Un tercio de los miembros del Consejo.

d. El uno por ciento de las personas empadronadas en el Distrito e inscritas en el censo electoral.

4. La convocatoria de las sesiones extraordinarias tendrá que efectuarse dentro de los cinco días hábiles siguientes a la solicitud.

Artículo 66. Publicidad de las sesiones.

1. Las sesiones del Consejo de la Junta Municipal de Distrito serán públicas y se comunicarán a las asociaciones de vecinos y vecinas y entidades ciudadanas, que figuran inscritas en el Registro de Entidades Vecinales del Ayuntamiento y el domicilio social o ámbito territorial de actuación social corresponda a la demarcación de la Junta Municipal de Distrito.

Las sesiones del Consejo de la Junta Municipal de Distrito se grabarán en vídeo, que se difundirá a través de la web municipal. El vídeo de la sesión se publicará igualmente en el Portal de Transparencia del Ayuntamiento de València. De acuerdo con los derechos recogidos en la normativa de protección de datos, los intervinientes en uso del turno de palabra que no sean vocales del Consejo, deberán ser advertidos de que su solicitud de participación implica la autorización expresa para que se recojan su imagen y sus intervenciones en el vídeo.

2. En ningún caso quedarán invalidadas las sesiones del Consejo de la Junta Municipal de Distrito por la falta de recepción de la comunicación a la cual se refiere el apartado anterior.

3. Las sesiones se celebrarán habitualmente en la sede de la Junta municipal; se podrá realizar en otro lugar si así lo acuerda el Consejo o la presidencia y se hace constar de forma expresa en la convocatoria. En todo caso, se procurará que los horarios de las sesiones faciliten la participación de los vecinos y vecinas. No obstante, el propio Consejo de la Junta Municipal podrá autorizar la participación a distancia en una o diversas sesiones de quien o quienes lo soliciten por causa debidamente justificada, siempre que puedan cumplirse las condiciones de seguridad jurídica reguladas para las sesiones no presenciales por la legislación básica de régimen local y por la legislación sobre régimen jurídico del sector público.

En todo caso, se procurará que los horarios de las sesiones faciliten la participación de los vecinos y vecinas.

4. En las sesiones del Consejo de la Junta Municipal de Distrito, la presidencia podrá conceder la palabra a las personas representantes de las asociaciones de vecinos y vecinas y entidades cívicas así como los vecinos y vecinas a título particular, en los términos establecidos en el reglamento municipal que regule la participación ciudadana.

Artículo 67. Convocatoria de las sesiones del Consejo.

1. La convocatoria de las sesiones ordinarias o extraordinarias del Consejo corresponde a la presidencia de la Junta Municipal de Distrito.

La convocatoria tendrá que realizarse con una antelación de ocho días hábiles cuando se trate de una sesión ordinaria y de cuarenta y ocho horas hábiles cuando se trate de una sesión extraordinaria.

En todo caso, la fecha de la celebración de cada sesión y la del vencimiento del plazo para presentación de preguntas y mociones, se comunicará a los portavoces y vocales de los Consejos de las Junta Municipales en cada Distrito con, al menos, un mes de antelación, así como a los Grupos Municipales a través de la secretaría de los mismos.

2. El plazo para la presentación de preguntas y mociones en la secretaría del Consejo finalizará a las catorce horas del día anterior a la convocatoria de la sesión. Las mociones y preguntas presentadas fuera de ese plazo se tendrán por no presentadas.

El número máximo de mociones y preguntas que se pueden presentar por cada grupo político, en el caso de que no se establezca expresamente, será el fijado para las comisiones informativas en el Reglamento Orgánico del Pleno.

3. Para la válida celebración de las sesiones será necesaria la presencia de un tercio del número legal de miembros del Consejo, sin que en ningún caso pueda ser inferior a tres.

4. Los acuerdos se adoptarán por mayoría simple de los miembros de la Junta Municipal de Distrito presentes; se entenderá por tal cuando el número

de votos favorables sea superior al número de votos contrarios; los empates los resolverá el voto de calidad de la presidencia de la Junta.

5. La presidencia adoptará las medidas necesarias para el desarrollo correcto de las sesiones; así pues se aplicarán las normas sobre disciplina previstas en el Reglamento orgánico del Pleno.

6. El secretario o secretaria de la Junta Municipal de Distrito levantará acta de cada sesión, que se inscribirá en el Libro de Actas de la Junta Municipal de Distrito y se expondrá en la sede hasta la celebración del Consejo ordinario siguiente, y también en la web del Ayuntamiento.

7. Podrán participar en las sesiones del Consejo, con voz pero sin voto, los concejales y concejalas del Ayuntamiento de València.

8. En el plazo máximo de diez días hábiles desde la celebración de la sesión, el orden del día y los acuerdos adoptados serán puestos en conocimiento de la Alcaldía y de los grupos políticos municipales, así como de las entidades cívicas y vecinales del artículo anterior, y recibirán publicidad a través del espacio web oficial del Ayuntamiento de València.

Artículo 68. Subsidiariedad del Reglamento orgánico del Pleno.

El Reglamento orgánico del Pleno se aplicará a las sesiones del Consejo de las Juntas Municipales de Distrito en todo el no previsto en el presente capítulo.

Artículo 69. Grupos de trabajo de la Junta Municipal de Distrito.

1. El Consejo podrá acordar la creación de grupos de trabajo, con carácter permanente o temporal, para realizar estudios, informes o propuestas de actuación relativas a las necesidades específicas del distrito, siempre que se refieran al ámbito específico de competencias de la Junta Municipal de Distrito.

2. El acuerdo del Consejo que decida la creación de un grupo de trabajo determinará el número mínimo de miembros, así como el régimen de trabajo de este. La presidencia de la Junta Municipal de Distrito nombrará una persona coordinadora del grupo de trabajo entre los y las vocales del Consejo, que asumirá las funciones de impulso y dirección de las actividades.

3. El acuerdo del Consejo que decida la creación de un grupo de trabajo podrá establecer que se incorpore como miembro alguno de los vecinos o vecinas residentes en la demarcación, así como representantes de las asociaciones vecinales y de las entidades cívicas presentes en la zona, cuando unos u otras lo hayan solicitado previamente por escrito dirigido al Consejo en el que justifiquen su especial interés en la actividad encomendada al grupo de trabajo.

Artículo 70. Oficina de la Junta Municipal de Distrito.

1. Corresponde a la Junta de Gobierno Local dotar a cada Junta Municipal de Distrito con los medios personales y materiales necesarios, así como de funciones que tenga encomendadas.

2. La Oficina de la Junta Municipal de Distrito es la unidad administrativa al servicio de la Junta, y su estructura se ajustará a los principios de jerarquía, eficacia y eficiencia. La dirección de la Oficina de la Junta Municipal de Distrito corresponde al Secretario o Secretaria de la Junta Municipal de Distrito.

3. La persona que ostenta la secretaría de la Junta Municipal de Distrito será personal funcionario de carrera del Grupo A1, Técnico de Administración General del Ayuntamiento de València, que ejercerá, en el ámbito de la Junta Municipal de Distrito, las funciones propias de la Secretaría, por delegación expresa del Secretario General de la Administración Municipal.

4. El Interventor General municipal y el Tesorero municipal podrán delegar facultades en un funcionario adscrito a la Oficina de la Junta municipal.

Sección 3.ª Competencias de las Juntas Municipales de Distrito

Artículo 71. Funciones de las Juntas Municipales de Distrito.

Las Juntas Municipales de Distrito, para el cumplimiento de sus fines y ateniéndose a criterios de economía, celeridad y eficacia en la gestión administrativa, asumirán las funciones siguientes:

a. Fomentar las relaciones del Ayuntamiento con las entidades cívicas y culturales radicadas en el distrito.

b. Informar a los órganos de gobierno municipal sobre el nivel de eficacia de los servicios municipales prestados en el ámbito territorial de la Junta Municipal de Distrito y elaborar estudios sobre las necesidades y prioridades de los mismos.

c. Facilitar, en el ámbito de su demarcación, la relación constante entre las diferentes áreas y servicios del Ayuntamiento.

d. Notificar a los órganos municipales competentes las circunstancias colectivas o personales de los vecinos que puedan tener incidencia en las resoluciones que se dictan.

e. Informar a los vecinos y vecinas de la actividad municipal a través de los correspondientes medios de información de cada Junta Municipal de Distrito.

Artículo 72. Competencias de las Juntas Municipales de Distrito.

Las Juntas Municipales de Distrito asumirán aquellas competencias que les atribuyan la Alcaldía o la Junta de Gobierno Local, siempre que versan sobre alguna de las materias siguientes:

a. Ordenación del Registro General de Entrada del Ayuntamiento.

b. Gestión de la oficina de información municipal, supervisión y corrección del censo y del padrón municipal y emisión de certificados.

c. Información sobre contratos, concursos y oposiciones de acceso a la función pública.

d. Participación en la elaboración del proyecto de Presupuesto del Ayuntamiento, gestión de la información tributaria, así como colaboración en la gestión y cobro de los tributos y en la gestión de los bienes de uso y servicio público.

e. Gestión de bibliotecas, actividades culturales, centros de juventud, centros culturales, fiestas populares, información cultural, relaciones con entidades culturales o deportivas e inspección de instalaciones deportivas.

f. Colaboración en la elaboración del censo escolar, en el control de la escolarización, en las juntas educativas, en la gestión del uso de las escuelas fuera del horario docente, en el manejo de información educativa, en las relaciones con las asociaciones de padres de alumnos, en la gestión de escuelas infantiles y en la Universidad Popular.

g. Competencias en materia de salud pública, campañas de vacunación, inspección sanitaria, control de calidad e higiene de los alimentos, gestión veterinaria y participación en la gestión de los Centros de salud del distrito.

h. Gestión de subvenciones y ayudas, organización y supervisión de centros sociales, clubes de jubilados, comedores y otras prestaciones sociales.

i. Gestión de parques y jardines, colaboración en tareas inspectoras en materia de medio ambiente y en la gestión de licencias.

j. Información y asesoramiento al consumidor, emisión de informes preceptivos sobre instalaciones de nuevos mercados de distrito, emisión de informes sobre galerías de alimentación, emisión de informes sobre la situación higiénico sanitaria, sobre el personal adscrito a los mercados y sobre el cumplimiento de la normativa en materia de consumo.

k. Organización de campañas de limpieza pública, así como información, denuncia e inspección en materia de higiene.

l. Gestión de licencias de obras y actividades, gestión de la información urbanística y colaboración en tareas de planeamiento e inspección de infracciones urbanísticas. Participación en proyectos urbanos dentro de su ámbito territorial, en obras de urbanización y en la supervisión de construcciones que amenazan ruina.

m. Gestión de estacionamientos, señalizaciones, permisos de ocupación de la vía pública y emisión de billetes para jubilados.

n. Organización de mecanismos de comunicación y relación con las asociaciones y entidades ciudadanas radicadas en el ámbito territorial de la Junta Municipal de Distrito; organización de campañas de información; participación en la gestión de centros cívicos y en la utilización de los paneles informativos.

Artículo 73. Procedimiento de atribución de competencias a las Juntas Municipales de Distrito.

1. Los acuerdos de atribución de competencias a las Juntas Municipales de Distrito tendrán que contener necesariamente las determinaciones siguientes:

a. Descripción exacta de la competencia asignada de gestión, consultiva o de control, con expresa mención de las funciones concretas que corresponden a la Junta.

b. Órgano de la Junta Municipal de Distrito que ejercerá la competencia atribuida.

c. Facultades concretas de coordinación y tutela que ejercerán las áreas de gobierno del Ayuntamiento.

d. Medios materiales y personales que se pongan a disposición de la Junta.

2. Las competencias delegadas irán siempre acompañadas de la dotación de medios necesarios para su correcto ejercicio.

3. La atribución de competencias tendrá que hacerse a todos los efectos para todas las juntas, sin perjuicio de aquellas actividades que, por su naturaleza, su carácter experimental o su especificidad solo pueden ser ejercidas por una o varias juntas determinadas.

4. En conformidad con el artículo 128.2 de la Ley 7/85, de 2 de abril, el porcentaje mínimo de los recursos presupuestarios de la corporación, que tendrá que gestionarse por parte de los distritos, en su conjunto, será del 0,6% del importe al que ascienda el Capítulo II del estado de gastos del presupuesto inicial del Ayuntamiento de València.

Artículo 74. Atribuciones de la presidencia de la Junta Municipal de Distrito.

El presidente o presidenta de la Junta Municipal de Distrito ejercerá las atribuciones siguientes:

a. Representar a la Alcaldía en el ámbito de la Junta Municipal de Distrito.

b. Convocar y presidir las sesiones del Consejo de la Junta Municipal de Distrito y dirimir los empates con voto de calidad.

c. Velar por la correcta aplicación del presente reglamento orgánico en el ámbito concreto de la Junta Municipal de Distrito.

d. El resto de competencias que expresamente le atribuyan por delegación la Alcaldía o la Junta del Gobierno Local.

Artículo 75. Atribuciones de la vicepresidencia de la Junta Municipal de Distrito.

Corresponde al vicepresidente o la vicepresidenta de la Junta Municipal de Distrito la asistencia permanente a la presidencia en el ejercicio de sus atribuciones, así como su sustitución en los supuestos de vacante, ausencia o enfermedad.

Artículo 76. Atribuciones del Consejo de la Junta Municipal de Distrito.

1. El Consejo de la Junta Municipal de Distrito ejercerá funciones de impulso, orientación e información respecto de todas aquellas materias que sean competencia de la Junta Municipal de Distrito.

2. En ejercicio de la función de información, el Consejo podrá emitir –a solicitud de la Alcaldía, de la Junta de Gobierno Local o de cualquier de los miembros de esta– un informe sobre los instrumentos de planificación que se encuentran en proceso de elaboración, así como sobre los equipamientos y servicios públicos u otras actuaciones municipales que afecten la demarcación de la Junta Municipal de Distrito. El informe no tendrá carácter vinculante y tendrá que emitirse en el plazo establecido en el artículo 77 del presente reglamento orgánico.

3. Corresponden también al Consejo de la Junta Municipal de Distrito las atribuciones siguientes:

- Redactar normas de régimen interno que desarrollan las disposiciones del presente reglamento orgánico para elevarlas a los órganos de gobierno del Ayuntamiento, a efectos de su tramitación y, si es el caso, aprobación.

- Elevar propuestas a través del área de gobierno con competencias en materia de participación ciudadana sobre diferentes temas, a efectos de su inclusión en la orden del día de las sesiones de los órganos colegiados municipales, así como propuestas de acuerdo y resoluciones para ser elevadas a los aparatos.

- Elaborar estudios sobre las necesidades de cada distrito.

- Formular el avance parcial del proyecto de Presupuesto municipal en aquellas materias que correspondan a las funciones asumidas por la Junta Municipal de Distrito, para ser elevado a la Junta de Gobierno Local, a efectos de su estudio y eventual incorporación al Proyecto de Presupuesto de la corporación.

- Las restantes competencias que expresamente le atribuyan por delegación la Alcaldía o la Junta de Gobierno Local.

4. Para el ejercicio de sus funciones, el Consejo de la Junta Municipal de Distrito podrá solicitar información de los órganos municipales en relación con las materias que son objeto de su competencia. Los órganos municipales facilitarán, si procede, la información solicitada y eliminarán los obstáculos que impidan el acceso a la búsqueda.

5. De acuerdo con el que dispone la normativa vigente y con pleno respeto a las disposiciones en materia presupuestaria, las juntas municipales promoverán la concesión de subvenciones a favor de las asociaciones de vecinos y el resto de entidades cívicas de la demarcación, siempre que estén dirigidas a financiar actividades destinadas a la defensa de los intereses generales o sectoriales de los vecinos y vecinas.

Sección 4.ª Mecanismos de relación entre los órganos
centrales y los órganos territoriales desconcentrados

Artículo 77. Coordinación entre las Juntas Municipales de Distrito y el gobierno del Ayuntamiento de València.

1. Los presidentes y presidentas de las Juntas Municipales de Distrito y la persona titular del área de gobierno con competencias en materia de participación ciudadana celebrarán una reunión ordinaria cada tres meses. La titular del área de gobierno con competencias en materia de participación ciudadana podrá convocar reuniones extraordinarias siempre que lo considere necesario o cuando lo solicite cualquiera de los presidentes o presidentas de Junta Municipal de Distrito, con el fin de coordinar y adoptar las medidas oportunas para el correcto funcionamiento de los servicios.

2. Los informes y dictámenes requeridos por los órganos municipales a la Junta Municipal de Distrito tendrán que ser emitidos en un plazo máximo de

treinta días, salvo que, en atención a los asuntos a tratar, el órgano solicitante del informe establezca un plazo superior, de oficio o a solicitud del presidente de la Junta Municipal de Distrito.

Artículo 78. Remisión de órdenes del día.

El orden del día de las sesiones del Pleno y de la Junta de Gobierno Local será remitido a las Juntas Municipales de Distrito en el momento de cursar las convocatorias correspondientes, que será expuesto en el tablón de anuncios de cada junta.

Artículo 79. Solicitudes de información.

Las vocalías de la Junta Municipal de Distrito, a través de su presidencia, podrán solicitar de los órganos municipales los datos, documentos e información general que obren en su poder y se refieran a materias de su competencia.

Sección 5.ª Representantes de la alcaldía en los órganos territoriales

Artículo 80. Disposiciones generales.

En cada uno de los «pueblos» (poblados y barriadas) que se relacionan en el apartado segundo de este artículo, la Alcaldía podrá designar una persona representante personal entre los vecinos y vecinas que residen, que realizará las funciones encomendadas a los llamados «alcaldes de los pueblos de València».

Los pueblos (poblados y barriadas) denominados «Pueblos de València» en que el alcalde podrá nombrar un representante son los siguientes:
• La Punta
• La Torre
• Castellar-Oliveral
• El Palmar
• Perellonet
• Pinedo
• Benifaraig
• Pueblo Nuevo
• Carpesa
• Masarrojos
• Borbotó
• Benimàmet-Beniferri
• Horno de Alcedo
• El Saler
• Casas de Bárcena, que incluye además los núcleos de:
• Mahuella
• Tauladella
• Rafalell
• Vistabella.

Artículo 81. Duración y naturaleza del cargo.

1. La Alcaldía podrá cesar en cualquier momento a la persona designada representante personal; asimismo se producirá el cese en todo caso al término del mandato de la Alcaldía, con independencia de la causa por la cual se produzca.

2. Las personas representantes personales de la Alcaldía tendrán carácter de autoridad en el cumplimiento de sus cometidos municipales y serán competentes en las materias que expresamente le sean delegadas por la Alcaldía.

TÍTULO VI
De los organismos públicos del Ayuntamiento de València

CAPÍTULO I
Disposiciones generales

Artículo 82. Definición y naturaleza.

1. El Ayuntamiento de València podrá crear organismos públicos que asumirán la gestión directa de los servicios públicos locales en los términos previstos en los artículos 85 y 85 bis de la Ley 7/1985, de 2 de abril, reguladora de las Bases de Régimen Local.

2. Los organismos públicos podrán crearse para la realización de actividades de ejecución o gestión, tanto de fomento o prestación como de contenido económico, en el ámbito de materias de competencia municipal.

Artículo 83. Fuentes de regulación de los organismos públicos.

Los organismos públicos se regirán:

a. Por lo que dispone el artículo 85 bis de la Ley 7/1985, de 2 de abril, reguladora de las Bases de Régimen Local, y por el resto de las disposiciones legales del Estado que resultan aplicables.

b. Por las leyes de la Comunidad Valenciana que resultan aplicables.

c. Por las disposiciones del presente título.

Artículo 84. Principios de organización y funcionamiento.

Los organismos públicos ajustarán su organización y funcionamiento a los principios generales reconocidos en el Título preliminar de este reglamento orgánico.

Artículo 85. Tipo de organismos públicos.

Los organismos públicos se clasifican en:

a. Organismos autónomos locales.

b. Entidades públicas empresariales locales.

Artículo 86. Adscripción de organismos públicos.

Los organismos públicos estarán adscritos, directamente o a través de otro organismo público, a una área de gobierno determinada o Concejalía Delegada determinada.

Artículo 87. Personalidad jurídica de los organismos públicos.

Los organismos públicos tendrán personalidad jurídica pública diferenciada, así como patrimonio propio y autonomía de gestión, todo ello en los términos de la normativa aplicable a las instituciones.

Artículo 88. Creación, modificación, refundición o supresión.

La creación, modificación, refundición o supresión de organismos públicos corresponderá al Pleno del Ayuntamiento de València, a propuesta de la Junta de Gobierno Local.

Artículo 89. Estatutos de los organismos públicos.

1. El Pleno aprobará los estatutos de los organismos públicos, que comprenderán los extremos previstos en el artículo 85 bis.2 de la Ley 7/1985, de 2 de abril, reguladora de las Bases de Régimen Local.

2. Los estatutos de los organismos públicos tendrán que ser aprobados y publicados con carácter previo al inicio de la actividad del organismo público correspondiente.

Artículo 90. Patrimonio de los organismos públicos.

1. El patrimonio de los organismos públicos y los recursos necesarios para la financiación de sus actividades vendrán establecidos en sus estatutos, con plena sujeción al que dispone la Ley 7/1985, de 2 de abril, reguladora de las Bases de Régimen Local, en el Real decreto legislativo 2/2004, de 5 de marzo, por el cual se aprueba el Texto Refundido de la Ley reguladora de Haciendas Locales y en el resto de las normas de régimen local que resultan aplicables en estas materias.

2. El inventario de bienes y derechos de los organismos públicos se remitirá anualmente al titular del área de gobierno a quien estén adscritos.

Artículo 91. Régimen de recursos humanos, patrimonio y contratación.

1. El régimen de recursos humanos, patrimonio y contratación de los organismos públicos será el que establezcan los respectivos estatutos, que tendrán que respetar en todo caso el que dispone la Ley 7/1985, de 2 de abril, reguladora de las Bases de Régimen Local y en el resto de las normas sobre personal, régimen patrimonial y contratos de las Administraciones Públicas que resultan aplicables.

2. La determinación y modificación de las condiciones retributivas, tanto del personal directivo como del resto del personal, se establecerán en los estatutos con plena sujeción a las normas que apruebo el Pleno o la Junta de Gobierno Local, según corresponda.

3. Los estatutos de los organismos públicos establecerán los mecanismos adecuados para que el titular del área de gobierno o concejalía correspondiente realice el seguimiento y control de la evolución de los gastos de personal y de la gestión de los recursos humanos en el organismo público.

Artículo 92. Régimen presupuestario, económico-financiero, de contabilidad, de intervención, control financiero y control de eficacia.

1. El régimen presupuestario, económico-financiero, de contabilidad, de intervención, control financiero y control de eficacia de los organismos públicos será el que establezcan los respectivos estatutos, que tendrán que respetar en todo caso el que dispone la Ley 7/1985, de 2 de abril, reguladora de las Bases de Régimen Local, en el Real decreto legislativo 2/2004, de 5 de marzo, por el cual se aprueba el Texto Refundido de la Ley reguladora de Haciendas Locales y en el resto de las normas de régimen local que resultan aplicables en estas materias.

2. Los estatutos de los organismos públicos establecerán los mecanismos adecuados para que el titular del área de gobierno o de la concejalía correspondiente realice el seguimiento y control de la eficacia del organismo público en el cumplimiento de sus objetivos.

CAPÍTULO II
De los organismos autónomos del Ayuntamiento de València

Artículo 93. Naturaleza y funciones de los organismos autónomos.

1. Los organismos autónomos actuarán con sujeción al derecho administrativo.

2. Corresponde a los organismos autónomos la realización de actividades de fomento, de prestación o de gestión de servicios públicos, en régimen de descentralización funcional y en ejecución de programas específicos de la actividad de una área de gobierno o de la concejalía determinada del Ayuntamiento de València.

3. Los organismos autónomos dispondrán de los ingresos propios que estén autorizados a obtener, así como de las restantes dotaciones que puedan percibir a través del Presupuesto General del Ayuntamiento de València.

Artículo 94. Órganos de gobierno de los organismos autónomos.

Los órganos de gobierno de los organismos autónomos son:
a. El Consejo Rector.
b. La presidencia.
c. La vicepresidencia.
d. La dirección.

Artículo 95. Naturaleza y composición del Consejo Rector.

1. El Consejo Rector es el máximo órgano de gobierno del organismo autónomo, a quien corresponde la suprema dirección de este, la fijación de las directrices de actuación y la supervisión del cumplimiento de sus objetivos.

2. El Consejo Rector estará integrado por el número de miembros (vocales) que se establezca para las comisiones informativas (titulares y suplentes).

Entre ellos existirá una presidencia y una vicepresidencia, nombradas entre los vocales concejales o concejalas.

3. Las personas integrantes del Consejo Rector serán nombradas y, si es el caso, cesadas por acuerdo de la Junta de Gobierno Local, conforme al criterio siguiente: Cada grupo político municipal propondrá a la Junta de Gobierno Local, en proporción a su representatividad, el número de vocales que le correspondan en el Consejo Rector. El número de miembros, en representación de los grupos políticos, será el mismo que se establezca para las comisiones informativas.

4. Las vocalías del Consejo Rector serán propuestas entre personas que reúnan alguna de las condiciones siguientes:

a. Que sean concejales o concejalas del Ayuntamiento de València o titulares de órganos directivos.

b. Que se trate de personas de reconocida competencia en las materias atribuidas al organismo autónomo.

c. Que se trate de representantes de las organizaciones sociales, empresariales y sindicales el ámbito de actuación del cual esté relacionado con la actividad ejercida por el organismo autónomo.

5. La Secretaría del Consejo Rector la ostentará la persona titular de la Secretaría General de la Administración municipal, que podrá delegar esta función en cualquier de los secretarios que integran la Secretaría municipal.

Artículo 96. Competencias del Consejo Rector.

1. Corresponden al Consejo Rector las competencias que le atribuyan los estatutos del organismo autónomo, de acuerdo con lo establecido en la legislación de régimen local y en las restantes disposiciones legales que resultan de aplicación.

2. El Consejo Rector podrá delegar las competencias previstas en los estatutos en otros órganos de gobierno del organismo. La delegación se ajustará a lo que se dispone en los estatutos del organismo autónomo y en el presente reglamento orgánico.

Artículo 97. Régimen de funcionamiento del Consejo Rector.

El régimen de funcionamiento del Consejo Rector será el establecido por los estatutos del organismo, que tendrá que respetar en todo caso las normas aplicables a los órganos colegiados en los términos establecidos en la legislación de Régimen Local o del Régimen Jurídico del Sector Público.

Artículo 98. Presidencia y vicepresidencia de los organismos autónomos.

1. La Presidencia del organismo autónomo se ostentará por la persona titular del área de Gobierno o de la Concejalía a la cual figura adscrita.

2. La Presidencia nombrará entre las vocalías del Consejo Rector un vicepresidente o vicepresidenta, a quien corresponderá la suplencia de aquella en los supuestos de vacante, ausencia o dolencia, así como el resto de las funciones que le atribuyan por delegación la Presidencia o el Consejo Rector del organismo autónomo.

3. El presidente o presidenta del organismo autónomo, que lo es también de su Consejo Rector, ostenta la máxima representación institucional del organismo, convoca y preside las sesiones del Consejo Rector, fija el orden del día de los actos y dirige los debates.

4. También corresponden a la Presidencia las restantes funciones que establezcan los estatutos del organismo autónomo, así como el resto que le atribuya por delegación el Consejo Rector.

Artículo 99. Funciones de la secretaría.

Corresponden a la secretaría las funciones de fe pública que la legislación de régimen local, el presente reglamento orgánico y los estatutos del organismo autónomo encomiendan al personal funcionario integrante de la Secretaría Municipal.

Artículo 100. Dirección del organismo autónomo.

1. La Junta de Gobierno Local, a propuesta de la Presidencia, nombrará a la persona que ostentará la dirección del organismo autónomo entre funcionarios y funcionarias de carrera o personal laboral al servicio de las Administraciones Públicas, o profesionales del sector privado, con titulación superior en ambos casos, y con más de cinco años de ejercicio profesional en el segundo caso. El Director o Directora tendrá la consideración de órgano directivo, en los términos previstos en el presente reglamento orgánico.

2. El Director o la Directora ejercerá, bajo la autoridad de la Presidencia, las funciones superiores de gerencia del organismo autónomo, en los términos que establezcan los estatutos de la institución.

CAPÍTULO III
De las entidades públicas empresariales del Ayuntamiento de València

Artículo 101. Naturaleza y funciones de las entidades públicas empresariales.

1. Las entidades públicas empresariales son organismos públicos a los cuales se encomienda la realización de actividades de prestación, la gestión de servicios o la producción de bienes de interés público susceptibles de contraprestación.

2. En todo aquello no previsto expresamente en sus estatutos, las entidades públicas empresariales se regirán por el derecho privado, excepto en la formación de la voluntad de sus órganos, en el ejercicio de las potestades administrativas que tengan atribuidas y en aquellos aspectos de las instituciones específicamente regulados en las leyes administrativas.

Artículo 102. Órganos de gobierno de las entidades públicas empresariales.

Los órganos de gobierno de las entidades públicas empresariales son:
• El Consejo de Administración.
• La Presidencia 54
• La Vicepresidencia
• La Dirección

Artículo 103. Naturaleza y composición del Consejo de Administración.

1. El Consejo de Administración es el máximo órgano de gobierno de la entidad pública empresarial; así pues, le corresponde la suprema dirección de esta, la fijación de las directrices de actuación y la supervisión del cumplimiento de sus objetivos.

2. El Consejo de Administración estará integrado por la Presidencia de la entidad, por la persona titular de la Secretaría y por el número de vocales que establezcan sus estatutos.

3. Los miembros del Consejo de Administración serán nombrados y, si es el caso, cesados por acuerdo de la Junta de Gobierno Local a propuesta del titular del área de gobierno o de la concejalía a la que figure adscrita la entidad pública empresarial, de acuerdo con los criterios previstos en el artículo 95 de este reglamento orgánico para el nombramiento de los vocales del Consejo Rector de los organismos autónomos.

4. El Secretario o Secretaria del Consejo de Administración será nombrado por la Presidencia entre funcionarios o funcionarias a quienes se exija para su ingreso la titulación superior.

Artículo 104. Competencias del Consejo de Administración.

1. Corresponden al Consejo de Administración las competencias que le atribuyan los estatutos de la entidad pública empresarial, de acuerdo con lo que se establece en la legislación de régimen local y en las restantes disposiciones legales que sean de aplicación.

2. El Consejo de Administración podrá delegar las competencias previstas en los estatutos en otros órganos de gobierno de la entidad. La delegación se ajustará a lo dispuesto en sus estatutos y en el presente reglamento orgánico.

Artículo 105. Régimen de funcionamiento del Consejo de Administración.

El régimen de funcionamiento del Consejo de Administración será el establecido por los estatutos de la entidad, que tendrá que respetar en todo caso las normas aplicables a los órganos colegiados que establece las leyes de procedimiento administrativo común de las administraciones públicas o de régimen jurídico del sector público.

Artículo 106. Presidencia y Vicepresidencia de las entidades públicas empresariales.

1. La presidencia de la entidad pública empresarial la ostentará la persona titular del área de gobierno o de la concejalía a la que esta figure adscrita.

2. La Presidencia nombrará entre las vocalías, concejales y concejalas, del Consejo de Administración un vicepresidente o vicepresidenta, a quien corresponderá la suplencia de aquella en los supuestos de vacante, ausencia o enfermedad, así como el resto de las funciones que le atribuyan por delegación la Presidencia o el Consejo de Administración de la entidad.

3. La Presidencia de la entidad pública empresarial, que lo es también de su Consejo de Administración, ostenta la máxima representación institucio-

nal de la entidad, convoca y preside las sesiones del Consejo de Administración, fija el orden del día de las reuniones y dirige los debates.

4. También corresponde a la Presidencia las restantes funciones que establezcan los estatutos de la entidad, y cualesquiera otras que le atribuya por delegación el Consejo de Administración.

Artículo 107. Funciones de la secretaría.

Corresponden a la secretaría las funciones de fe pública que la legislación de régimen local, el presente reglamento orgánico y los estatutos de la Entidad Pública Empresarial encomiendan al personal funcionario integrante de la Secretaría Municipal.

Artículo 108. Dirección de la entidad pública empresarial.

1. La Junta de Gobierno Local, a propuesta de la Presidencia, nombrará al Director o Directora de la entidad pública empresarial entre funcionarios y funcionarias de carrera o personal laboral al servicio de las administraciones públicas o profesionales del sector privado, titulados superiores en ambos casos, y con más de cinco años de ejercicio profesional en el segundo caso. La Dirección tendrá la consideración de órgano directivo, en los términos previstos en el presente reglamento orgánico.

2. La persona que ostente la Dirección ejercerá, bajo la autoridad de la Presidencia, las funciones superiores de gerencia de la entidad pública empresarial, en los términos que establezcan los estatutos de la institución.

DISPOSICIONES ADICIONALES

Disposición adicional. Régimen jurídico de la Asesoría Jurídica.

Mediante Reglamento orgánico y Funcional específico se regulará el régimen jurídico de la Asesoría Jurídica Municipal, que contemple tanto su estructura orgánica como el ámbito de la función consultiva y de la función contenciosa que le corresponde ejercer.

DISPOSICIONES TRANSITORIAS

Disposición transitoria primera. Adaptación de los organismos autónomos locales.

La adaptación de los estatutos de los organismos autónomos al presente Reglamento se deberá llevar a cabo antes de la finalización del mandato corporativo 2019-2023. Su aplicación podrá ser a partir del mandato corporativo siguiente o en el tiempo que el Pleno acuerde al aprobar la citada adaptación a propuesta de los órganos de gobierno de cada organismo.

Disposición transitoria segunda. Reglamento orgánico y Funcional de la Asesoría Jurídica municipal.

Hasta que sea aprobado el Reglamento orgánico y Funcional de la Asesoría Jurídica municipal, continuará vigente la regulación del Reglamento orgánico de Gobierno y Administración de 29 de diciembre de 2006, en lo que no resulte incompatible con la regulación que se aprueba mediante el presente reglamento.

DISPOSICIONES DEROGATORIAS

Disposición derogatoria única. Disposiciones derogadas.

A partir de la entrada en vigor de este reglamento orgánico quedan derogadas les disposiciones del Ayuntamiento de València que se opongan, contradigan o resulten incompatibles. Expresamente queda derogado el Reglamento orgánico de Gobierno y Administración de 29 de diciembre de 2006.

DISPOSICIONES FINALES

Disposición final única. Publicación y entrada en vigor.

La publicación y entrada en vigor del presente reglamento orgánico se regirá por lo dispuesto en la Ley 7/1985, de 2 de abril, reguladora de les Bases del Régimen Local.

3

REGLAMENTO DE CONTROL INTERNO DEL SECTOR PÚBLICO DEL AYUNTAMIENTO DE CASTELLÓ DE LA PLANA

(Boletín Oficial de la Provincia de Castellón, Número 60, de 20/05/2025)

PREÁMBULO

Las actuaciones de las Administraciones Públicas implican la utilización de fondos públicos, lo que hace necesario la existencia de instrumentos que permitan su control.

La aceptación de una idea de control no ha sido fácil a lo largo del tiempo, a pesar de que es inherente a toda actividad económico-financiera. Este control tiene por finalidad, no solamente, garantizar la correcta administración de los caudales públicos, sino que la trasciende, incluyendo la necesidad de dar información y establecer reglas de actuación.

La Constitución Española de 1978 tiene recogido el control de legalidad en su artículo 133.4 al señalar que «Las administraciones públicas sólo podrán contraer obligaciones y realizar gastos, de acuerdo con las Leyes», y recoge asimismo los principios de eficiencia y eficacia en su artículo 31.2.

El Real Decreto Legislativo 2/2004, de 5 de marzo, por el que se aprueba el Texto Refundido de la Ley Reguladora de las Haciendas Locales, establece que en las Entidades Locales se ejercerán las funciones de control interno respecto de su gestión económica, correspondiendo la misma a la Intervención General Municipal.

El Ayuntamiento de Castelló de la Plana, ante la falta de un desarrollo normativo de control interno para las Entidades Locales, aprobó el Reglamento de control interno a ejercer por la Intervención General Municipal del Excmo. Ayuntamiento de Castelló de la Plana, por acuerdo del Pleno de fecha 27 de junio de 2013. El Reglamento incorporó la normativa básica aplicable al ejercicio del control interno en las Entidades Locales, recogida en el Real Decreto Legislativo 2/2004, de 5 de marzo, por el que se aprueba el Texto Refundido de la Ley Reguladora de las Haciendas Locales, teniendo un desarrollo posterior con la aprobación por el Pleno, en sesión ordinaria celebrada el 27 de noviembre de 2014,del establecimiento del régimen de fiscalización e intervención limitada previa de requisitos básicos para el Ayuntamiento de Castelló de la Plana.

La ley 27/2013, de 27 de diciembre, de racionalización y sostenibilidad de la Administración Local, estableció las bases del profundo cambio que en esta materia se ha experimentado en el ámbito local, ya que encomendó al Gobierno la regulación de los procedimientos de control y la metodología de aplicación, con el fin de lograr, entre otros objetivos, un control económi-co-presupuestario más riguroso, reforzando el papel de la función interventora en las entidades locales. A resultas de esta encomienda del legislador, se dictó el Real Decreto 424/2017, de 28 de abril, por el que se regula el régimen jurídico del control interno en las entidades del Sector Público Local, en el que, sobre la base del modelo y la experiencia acumulada en el ejercicio de la función de control interno para el sector público Estatal, se establecen las distintas formas en las que deben realizarse estas funciones en la administración local otorgando el necesario margen regulatorio a las propias Corporaciones Locales en el ejercicio del principio de autonomía local.

Asimismo, se dictó el Real Decreto 128/2018, de 16 de marzo, por el que se regula el régimen jurídico del funcionariado de Administración Local con habilitación de carácter nacional, que tiene como objetivo, entre otros, el de reforzar y clarificar las funciones reservadas a dichos funcionarios, especialmente la función interventora, para lograr un control económico-presupuestario más riguroso, en el marco del desarrollo del artículo 213 del texto refundido de la Ley reguladora de las Haciendas Locales, aprobado por Real Decreto Legislativo 2/2004, y garantizar la profesionalidad y la eficacia de las funciones de control interno en las Entidades Locales.

El Real Decreto 424/2107, de 28 de abril, incorpora importantes novedades en el ejercicio del control financiero, debido al inexistente desarrollo sobre esta materia en el ámbito local y establece la necesidad y obligatoriedad de llevar a cabo una adecuada planificación del control financiero introduciendo como requisito básico que el órgano interventor elabore y adopte un Plan Anual de Control Financiero que recogerá las actuaciones de control permanente y auditoría pública a realizar durante el ejercicio.

En el Reglamento de control interno del Sector Público del Ayuntamiento de Castelló de la Plana se establece el modelo de control interno a seguir por el Ayuntamiento de Castelló de la Plana y sus entes dependientes, por lo que su estructura abarca tanto los aspectos subjetivos como objetivos relativos a las distintas formas de control y su ejercicio. Se desarrollan en su articulado los aspectos incluidos en el Real Decreto 424/2017, de 28 de abril, siendo destacable el mantenimiento del régimen de fiscalización e intervención limitada previa de requisitos básicos, la incorporación de un título con el procedimiento a realizar para la comprobación material de la inversión y, dentro del control permanente, la regulación del control permanente concomitante.

Por otro lado, de conformidad con lo establecido en el artículo 129 de la Ley 39/2015, de 1 de octubre, de Procedimiento Administrativo Común de las Administraciones Públicas, resulta necesario la justificación de cómo el Reglamento de control interno del Sector Público del Ayuntamiento de Castelló de la Plana incorpora los principios de buena regulación allí contenidos, si bien al tratarse de una norma de carácter interno aplicable en el seno del Ayuntamiento de Castelló de la Plana y de sus organismos dependientes, no todos los principios tienen la misma intensidad en su aplicación al Reglamento.

Así, en primer lugar se refiere el artículo 129 de la Ley 39/2015 a los principios de necesidad y eficacia. La norma está justificada por una razón de interés público que tiene que ver con la exigencia de adaptar el Reglamento de control interno de la Intervención General Municipal en vigor, que fue aprobado por el Excmo. Ayuntamiento Pleno el 1 de julio de 2013, a los cambios normativos que en materia de control se han producido desde aquella fecha y que aconsejan a una revisión de los modelos de control en el ámbito de las Intervenciones de las Entidades locales.

En virtud, además, del principio de eficacia, la norma pretende ser una herramienta que dote de eficacia y de profesionalidad a la función de control interno, en cuanto, por un lado, se ajustan a través de la misma, los instrumentos de control previstos en las normas a las singularidades de la organización municipal, y, por otro, el Reglamento desarrolla con mayor detalle el control financiero en el que, según lo dispuesto en el Real Decreto 424/2017, se incluye el control de eficacia a ejercer por la Intervención General Municipal sobre la Entidad local y sus organismos dependientes.

En relación con el principio de proporcionalidad establece el artículo 129 de la Ley 39/2015 que la iniciativa que se proponga deberá contener la regulación imprescindible para atender la necesidad de cubrir con la norma, tras constatar que no existen otras medidas menos restrictivas de derechos, o que impongan menos obligaciones a los destinatarios. Esta proporcionalidad, tratándose de una norma de carácter interno cuyos preceptos no van dirigidos a los ciudadanos, debe interpretarse en relación a las obligaciones que pueda imponer a los órganos gestores y a las autoridades con responsabilidad decisoria, proporcionalidad que se respeta en cuanto el Reglamento tiene como única función desarrollar los procedimientos de control que contempla tanto el Texto Refundido de la Ley Reguladora de las Haciendas Locales como el Real Decreto 424/2017.

Por lo que se refiere al principio de seguridad jurídica, es necesario destacar que la aprobación del Reglamento dota de seguridad jurídica a la actividad económico financiera del Sector público del Ayuntamiento de Castelló de la Plana, pues se ha recogido en una misma norma tanto el desarrollo de las previsiones legales sobre función interventora, como las reglas, técnicas y procedimientos de control financiero que se traduzcan en mejoras sustanciales en el ejercicio del control interno.

Establece también el artículo 129.5 de la Ley 39/2015 el principio de transparencia. Si bien la presente norma no se ha sometido a los trámites de consulta previa y de información del proyecto y audiencia por no ser preceptivos dichos trámites en virtud del artículo 133.4 de la Ley 39/2015, en cuanto entre en vigor se publicará en el Portal de Transparencia el texto íntegro del Reglamento junto con la publicación en el BOP, así como en la web del Ayuntamiento.

En cuanto al principio de eficiencia, el Reglamento pretende evitar cargas administrativas innecesarias o accesorias y racionalizar la gestión de los recursos asignados tanto a la Intervención General Municipal como a los órganos gestores, siendo un buen ejemplo de ello, entre otros aspectos recogidos en el mismo, la regulación que efectúa en el Capítulo V del Título II de la Comprobación material de la inversión, en cuanto tiende a racionalizar el ejercicio de esta función obligatoria para el órgano de control en relación con los recursos personales disponibles.

Por todo lo cual se considera que el Reglamento cumple los principios de buena regulación contenidos en el artículo 129 de la Ley 39/2015 en el ejercicio de la potestad reglamentaria por parte del Ayuntamiento de Castelló de la Plana.

TÍTULO I
DISPOSICIONES GENERALES

CAPÍTULO I
PRINCIPIOS GENERALES DEL CONTROL INTERNO

Artículo 1. Objeto y régimen jurídico

El presente Reglamento tiene por objeto el desarrollo de las disposiciones vigentes en materia de control interno de la gestión económico-financiera del Ayuntamiento de Castelló de la Plana y sus entes dependientes, con sujeción a lo establecido en el artículo 213 y siguientes del Real Decreto Legislativo 2/2004, de 5 de marzo, por el que se aprueba el Texto Refundido de la Ley Reguladora de haciendas Locales, que atribuye a las Entidades Locales las funciones de control interno, así como en el Real Decreto 424/2017, de 28 de abril, por el que se regula el régimen jurídico del control interno en las entidades del sector público Local.

Artículo 2. Ámbito de aplicación

El control interno se ejercerá sobre el conjunto de la actividad financiera de las entidades que conforman el sector público del Ayuntamiento de Castelló de la Plana y abarcará los actos con contenido económico, financiero, presupuestario, contable y patrimonial que la integran. Forman parte del sector público del Ayuntamiento de Castelló de la Plana:
- El Ayuntamiento.
- Sus organismos autónomos
  - Patronato Municipal de Deportes
  - Patronato Municipal de Fiestas
  - Patronato Municipal de Turismo
- El Consorcio Pacto Local por el Empleo
- La Sociedad Mercantil RECIPLASA, Reciclados de residuos la Plana, S.A.

• y cuantas otras se constituyan, conforme lo establecido en el apartado 2 del artículo 2 del Real Decreto 424/2017.

Artículo 3. Formas de ejercicio

El control interno de la actividad económico-financiera se realizará por el órgano interventor, mediante el ejercicio de la función interventora y el control financiero.

Artículo 4. Principios del ejercicio del control interno

1. El control interno se ejercerá con plena autonomía respecto de las autoridades y demás entidades cuya gestión sea objeto del control. A tales efectos, el personal funcionario que lo realicen tendrán independencia funcional respecto de los titulares de las entidades controladas.

2. El órgano interventor, en el ejercicio de sus funciones de control interno, actuará bajo el principio de procedimiento contradictorio.

3. De los resultados de las comprobaciones efectuadas se dará cuenta a los órganos de gestión controlados, recomendando las actuaciones que resulten procedentes.

4. Del mismo modo, el órgano interventor dará cuenta al Pleno, a través de la Alcaldía, de los resultados más relevantes.

5. Para la realización de un control interno eficaz deberá dotarse a la Intervención General Municipal de los medios necesarios y suficientes, que permita asegurar el control efectivo del presupuesto general consolidado mediante la aplicación de las modalidades de función interventora y control financiero.

CAPÍTULO II
DEL ÓRGANO DE CONTROL. DEBERES Y FACULTADES

Artículo 5. Órgano de control interno

1. La Intervención General Municipal del Ayuntamiento de Castelló de la Plana y sus entes dependientes, es el órgano de control interno del sector público municipal. Le corresponde la realización de la función interventora y el control financiero de todas las entidades que conforman el sector público definido en el artículo 2 del presente Reglamento.

2. Asimismo, corresponde a la Intervención la organización y dirección de los servicios destinados al control interno, de acuerdo con lo establecido en este Reglamento y el Real Decreto 424/2017, de 28 de abril.

Artículo 6. Deberes del personal de la Intervención

1. El personal funcionario que ejerza la función interventora o realice el control financiero, y quienes participen en el ejercicio de dichas funciones por estar adscritos a la Intervención, deberán guardar el debido sigilo con relación a los asuntos que conozcan en el desempeño de sus funciones. Los datos, informes o antecedentes obtenidos en el ejercicio de las funciones de control interno sólo podrán utilizarse para los fines asignados al mismo.

2. Cuando en la práctica de un control, el personal que lo realice aprecie que los hechos acreditados o comprobados pudieran ser susceptibles de constituir una infracción administrativa, o dar lugar a la exigencia de responsabilidades contables o penales, lo pondrán en conocimiento de la persona titular de la Intervención General Municipal, que será responsable de elevarlo al órgano competente, de acuerdo con lo establecido en el artículo 5.2 del Real Decreto 424/2017, de 28 de abril.

3. El órgano interventor deberá facilitar el acceso a los informes de control en aquellos casos en los que legalmente proceda. En defecto de previsión legal, la solicitud de los mismos deberá dirigirse directamente al gestor directo de la actividad económico-financiera controlada.

Artículo 7. Facultades del personal del órgano de control

1. El órgano interventor podrá hacer uso, en el ejercicio de sus funciones de control, del deber de colaboración, de la facultad de solicitar asesoramiento, de la defensa jurídica y de la facultad de revisión de los sistemas informáticos de gestión.

2. Las autoridades, personas que ocupen cargos de gerencia o dirección, y responsables de los Servicios en el Ayuntamiento de Castelló de la Plana y en sus entes dependientes, deberán prestar la debida colaboración y apoyo a las personas encargadas de la realización del control, facilitando la documentación e información necesaria para dicho control. El deber de colaboración alcanza a toda persona natural o jurídica, pública o privada, que estará obligada a proporcionar, previo requerimiento del órgano interventor, toda clase de datos, informes o antecedentes con trascendencia para las actuaciones de control que se desarrollen.

3. De acuerdo con lo previsto en el art.6 apartado 4º del Real Decreto 424/2017, de 28 de abril, cuando la naturaleza del acto, documento o expediente lo requiera, el órgano interventor podrá recabar directamente de los órganos de la Entidad Local el asesoramiento jurídico y los informes técnicos que consideren necesarios, así como los antecedentes y documentos precisos para el ejercicio de sus funciones de control interno, con independencia del medio que los soporte. Dicha petición se dirigirá a la jefatura de la unidad responsable de su elaboración. En relación con el deber de colaboración establecido en el Real Decreto 424/2017, de 28 de abril, la negativa, obstaculización o dilación injustificada en el cumplimiento del deber de colaboración dará lugar a la incoación de expediente disciplinario, considerándose como falta muy grave el notorio incumplimiento de las funciones esenciales inherentes al puesto de trabajo o funciones encomendadas, conforme lo dispuesto en el texto refundido de la Ley del Estatuó Básico del Empleado Público, y en la Ley 19/2013, de 9 de diciembre, de transparencia, acceso a la información pública y buen gobierno, si el responsable de estas acciones se encuentra en el ámbito de aplicación del artículo 25 de esta Ley.

4. La Intervención General Municipal del Ayuntamiento de Castelló de la Plana podrá solicitar el asesoramiento de la Intervención General de la Ad-

ministración del Estado, en los términos de la Disposición adicional cuarta del Real Decreto 424/2017, de 28 de abril y la Disposición adicional séptima de la Ley 27/2013, de 27 de diciembre, de racionalización y sostenibilidad de la Administración Local. A estos efectos y con carácter previo corresponde a la Intervención General Municipal del Ayuntamiento de Castelló de la Plana instar al órgano competente la previa formalización del oportuno convenio con la Intervención General de la Administración del Estado.

5. El Ayuntamiento de Castelló de la Plana o sus entes dependientes deberán garantizar y adoptar las medidas necesarias para la defensa jurídica y protección del personal controlador que, en su caso, puedan necesitar como consecuencia de su participación en las actuaciones de control interno.

CAPÍTULO III
PROCEDIMIENTO PARA EL EJERCICIO DEL CONTROL INTERNO

Artículo 8. Procedimiento general

El procedimiento de control interno se llevará a cabo de manera telemática a través de los aplicativos implantados en el Ayuntamiento de Castelló de la Plana y en sus entidades dependientes.

1. Formación del expediente

a) El órgano gestor creará el expediente en el gestor de expedientes de la Entidad e incorporará la documentación necesaria para su tramitación.

b) Cuando el expediente esté completo y apto para dictarse el Acuerdo, el órgano gestor responsable del mismo lo remitirá a la Intervención General Municipal para que realice el control que corresponda en función de la naturaleza del expediente. El expediente se considera que está completo a efectos de control cuando, al menos, estén incorporados todos y cada uno de los documentos o requisitos declarados como esenciales para el ejercicio del control interno, de acuerdo con lo establecido en el Texto Refundido de la Ley Reguladora de las Haciendas Locales, en el Real Decreto 424/2017, y en la normativa aprobada en este Ayuntamiento. Los documentos que integren el expediente deberán estar firmados electrónicamente y solo se podrá incorporar nueva documentación al expediente o modificar la existente si se ha comunicado previamente a la Intervención, y siempre y cuando no se haya emitido el informe de intervención.

2. Remisión del expediente al órgano interventor Recibido el expediente, la intervención realizará una de las siguientes acciones:

- Devolución del expediente. En el caso de que el expediente carezca de algún informe, documento o justificante preceptivo para la realización del correspondiente control, o aun constando, sea manifiestamente impreciso, equívoco o confuso, se devolverá indicando por escrito la razón o razones para su devolución. No se iniciará el plazo para la emisión del correspondiente informe de la intervención hasta que se remita de nuevo el expediente completo para que sea evaluado por el órgano interventor. Si el expediente no debe ser objeto de control interno, por no tener incidencia presupuestaria, contable, patrimonial o económica, estar exento o haber sido ya objeto de control, se devolverá el expediente al órgano gestor para que prosiga su tramitación.

- Ejecución del control Si procede se llevará a cabo, por parte del órgano interventor, el control mediante el ejercicio de la función interventora previa o del control financiero, en su caso. Una vez emitido el informe de la Intervención General Municipal, se remitirá el expediente al órgano gestor para que prosiga con su tramitación.

- Tramitación del procedimiento de Omisión de la función interventora En los supuestos en los que la función interventora fuera preceptiva y se hubiese omitido, no se podrá reconocer la obligación, ni tramitar el pago, ni intervenir favorablemente estas actuaciones hasta que se conozca resuelva dicha omisión en los términos previstos en el Real Decreto 424/2017, de 28 de abril y en este Reglamento.

3. Acuerdo o Resolución Una vez emitido el informe de la Intervención General Municipal, el órgano gestor deberá incorporar en la propuesta de Acuerdo o Resolución del expediente, el carácter del informe de la intervención, así como las observaciones incluidas en dicho informe, en su caso.

TÍTULO II
DE LA FUNCIÓN INTERVENTORA

CAPÍTULO I
NORMAS GENERALES DE LA FUNCIÓN INTERVENTORA

Artículo 9. Objeto

La función interventora tiene por objeto verificar, antes de que se dicte el correspondiente acuerdo o resolución, que los expedientes se ajustan a las disposiciones aplicables según los procedimientos legalmente establecidos. Corresponde al órgano interventor el ejercicio de esta función y comprenderá todas y cada una de las fases presupuestarias.

Artículo 10. Fases

El ejercicio de la función interventora, en el Ayuntamiento de Castelló de la Plana y sus entes dependientes, comprende las siguientes fases:

a) Fiscalización previa de los actos que reconozcan derechos u obligaciones de contenido económico o movimientos de fondos y valores.

b) Intervención del reconocimiento de las obligaciones e intervención de la comprobación material de la inversión.

c) Intervención formal de la ordenación del pago.

d) Intervención material del pago.

Artículo 11. Modalidades

La función interventora se realizará en sus modalidades de intervención formal y material.

• La intervención formal consiste en la verificación del cumplimiento de los requisitos legales, necesarios para la adopción del acuerdo, mediante el examen de todos los documentos que deban estar incorporados preceptivamente al expediente.

• La intervención material consiste en comprobar la real y efectiva aplicación de los fondos públicos.

CAPÍTULO II
PROCEDIMIENTO PARA EL EJERCICIO DE LA FUNCIÓN INTERVENTORA SOBRE DERECHOS E INGRESOS

Artículo 12. Fiscalización previa de derechos e ingresos

1. La fiscalización previa de derechos e ingresos se sustituye por la toma de razón en contabilidad y el control posterior mediante el ejercicio del control financiero.

2. Sin perjuicio de lo establecido en el apartado anterior, la sustitución de la fiscalización previa de derechos e ingresos por la toma de razón en contabilidad y su control posterior no alcanzará a los actos de ordenación y pago material derivados de devoluciones de ingresos indebidos.

CAPÍTULO III
PROCEDIMIENTO PARA EL EJERCICIO DE LA FUNCIÓN INTERVENTORA SOBRE GASTOS Y PAGOS

Artículo 13. Fiscalización previa

1. El Ayuntamiento de Castelló de la Plana y sus entes dependientes, tienen establecido el régimen de fiscalización e intervención limitada previa de requisitos básicos, para todo tipo de gasto u obligación, salvo que se refieran a gastos de cuantía indeterminada.

2. La Intervención General Municipal se limitará a comprobar los requisitos básicos regulados en las directrices aplicables al ejercicio de la fiscalización e intervención limitada previa, aprobadas por el Pleno del Ayuntamiento, y lo establecido en el Real Decreto 424/2017, de 28 de abril.

3. El órgano interventor fiscalizará el expediente en el plazo de 5 días hábiles, iniciándose el cómputo a partir del día siguiente a la fecha de recepción del expediente completo.

4. En ningún caso el desarrollo y adaptaciones normativas que realice el Ayuntamiento de Castelló de la Plana podrá reducir el plazo establecido en este artículo, de acuerdo con lo establecido en el artículo 10.3 del Real Decreto 424/2017, de 28 de abril.

Artículo 14. Fiscalización previa de los contratos menores

No estarán sometidos a fiscalización previa la aprobación o autorización y la disposición o compromiso de gastos derivados de contratos menores cualquiera que sea su objeto, siendo objeto de control financiero posterior.

Artículo 15. Intervención previa del reconocimiento de la obligación

1. Están sometidos a intervención limitada previa las liquidaciones de gastos o reconocimiento de obligaciones, ya tengan su origen en la ley o en negocios jurídicos válidamente celebrados.

2. El órgano interventor conocerá el expediente con carácter previo al acuerdo de liquidación del gasto o reconocimiento de la obligación y emitirá informe de intervención en el plazo de 5 días hábiles, iniciándose el cómputo a partir del día siguiente a la fecha de recepción del expediente completo.

3. Se comprobarán, únicamente, los requisitos básicos regulados en las directrices aplicables al ejercicio de la fiscalización e intervención limitada previa, aprobadas por el Pleno del Ayuntamiento, y lo establecido en los artículos 13 y 19 del Real Decreto 424/2017, de 28 de abril.

Artículo 16. Fiscalización previa de las órdenes de pago a justificar y anticipos de caja fija

La fiscalización previa de las órdenes de pago a justificar y de los expedientes de constitución y reposición de anticipos de caja fija se realizará con la comprobación de los requisitos básicos regulados en las directrices aplicables al ejercicio de la fiscalización e intervención limitada previa, aprobadas por el Pleno del Ayuntamiento, y lo establecido en el Real Decreto 424/2017, de 28 de abril.

Artículo 17. Intervención previa de las cuentas justificativas de pagos a justificar y anticipos de caja fija

La verificación de las cuentas justificativas de los pagos a justificar y de los anticipos de caja fija, se realizará de conformidad con las directrices aplicables al ejercicio de la fiscalización e intervención limitada previa, aprobadas por el Pleno del Ayuntamiento, y lo establecido en el Real Decreto 424/2017, de 28 de abril.

Artículo 18. Intervención formal del pago

1. Los actos por los que se ordenan pagos, con cargo a la Tesorería del Ayuntamiento de Castelló de la Plana y de sus entes dependientes, están sometidos a intervención formal.

2. El órgano interventor verificará el expediente en el plazo de 10 días hábiles, iniciándose el cómputo a partir del día siguiente a la fecha de recepción del expediente completo.

3. En esta intervención formal se verificará:

a) Que las órdenes de pago se dictan por órgano competente.

b) Que se ajustan, en su caso, al acto de reconocimiento de la obligación.

c) Que se acomodan al Plan de Disposición de Fondos. En los supuestos de existencia de retenciones judiciales o de compensaciones de deudas del acreedor, las correspondientes minoraciones en el pago se acreditarán mediante la incorporación de los acuerdos que las dispongan. La intervención formal de la ordenación del pago alcanzará a estos acuerdos de minoración.

Artículo 19. Intervención material del pago

1. Está sometida a intervención material del pago la ejecución de las órdenes de pago que tengan por objeto el cumplimiento de las obligaciones de la Tesorería, la disposición de fondos a cajeros y agentes facultados legalmente para realizar pagos a los acreedores, así como el movimiento de fondos y valores entre las cuentas de la Tesorería.

2. Para la intervención material del pago se verificará la competencia del órgano para la realización del pago, la correcta identificación de la persona perceptora y el importe debidamente reconocido.

CAPÍTULO IV
RESULTADOS DEL CONTROL EN LA FUNCIÓN INTERVENTORA

Artículo 20. De los informes de función interventora

1. El resultado de la función interventora se determinará en informe emitido al efecto, cuya estructura será uniforme y contendrá la conclusión.

2. Los informes serán suscritos por el funcionariado con habilitación de carácter nacional que tenga atribuida las funciones de control interno, sin perjuicio de las delegaciones que tenga establecido el órgano interventor. Asimismo, constará la firma del personal responsable del departamento de función interventora.

3. Las opiniones expresadas por el órgano interventor en sus informes, respecto al cumplimiento de las normas, no prevalecerán sobre las de los órganos de gestión.

4. Sin perjuicio de lo indicado en los puntos anteriores, en el caso de que el órgano interventor considerase que las órdenes de pago cumplen los requisitos, se hará constar la conformidad mediante la firma en el documento en que la orden se contiene. Asimismo, cuando la intervención material del pago sea conforme, la Intervención General Municipal firmará los documentos que autoricen la salida de los fondos y valores.

Artículo 21. De las conclusiones en el ejercicio de la función interventora

1. Cuando, como resultado de la verificación de los extremos a los que se extienda la función interventora, el expediente objeto de fiscalización o intervención se ajuste a la legalidad, el órgano interventor emitirá informe de conformidad.

2. Si en el ejercicio de la función interventora, de expedientes sujetos a fiscalización o intervención limitada previa, se detectasen deficiencias de cualquier tipo que no puedan ser objeto de reparo por exceder de los extremos objeto de verificación, se emitirá informe de conformidad con las observaciones complementarias que considere convenientes, sin que las mismas afecten al carácter del informe ni tengan, en ningún caso, efectos suspensivos. Respecto a estas observaciones no procederá el planteamiento de discrepancia alguna.

3. En el caso de que el órgano interventor no estuviese de acuerdo con el fondo o con la forma de los actos, documentos o expedientes examinados,

emitirá informe de reparo. Dicho reparo deberá ser motivado, con razonamiento fundado en las normas en las que se apoye el criterio sustentado. Si el reparo afecta a la disposición de gastos, reconocimiento de obligaciones u ordenación de pagos se suspenderá la tramitación del expediente, hasta que aquél sea solventado, en los siguientes casos:

a) Cuando se base en la insuficiencia de crédito o el propuesto no sea adecuado.

b) Cuando no hubieran sido fiscalizados los actos que dieron origen a las órdenes de pago.

c) Cuando el reparo derive de comprobaciones materiales de obras, suministros, adquisiciones y servicios.

d) Cuando el gasto se proponga a un órgano que carezca de competencia para su aprobación.

e) Cuando se aprecien graves irregularidades en la documentación justificativa del reconocimiento de la obligación o no se acredite suficientemente el derecho de su perceptor.

f) Cuando se hayan omitido requisitos o trámites que pudieran dar lugar a la nulidad del acto, o cuando la continuación de la gestión administrativa pudiera causar quebrantos económicos a la Tesorería del Ayuntamiento o a un tercero.

g) Cuando se incumpla alguno de los requisitos básicos incluidos en las directrices aplicables al ejercicio de la fiscalización e intervención limitada previa, aprobadas por el Pleno del Ayuntamiento de Castelló de la Plana.

Artículo 22. Tramitación de los reparos

Emitido el informe de reparo por el órgano interventor y remitido al órgano gestor, éste podrá:

a) Aceptar el reparo y corregir las deficiencias. En este supuesto, una vez corregidas las deficiencias el órgano gestor remitirá de nuevo el expediente a la Intervención General Municipal para la valoración de las correcciones y emisión de un nuevo informe de fiscalización o intervención previa.

b) Aceptar el reparo y desistir de la tramitación, que deberá ser comunicado al órgano interventor.

c) Aceptar el reparo y continuar con la tramitación. En el caso de que se acepte el reparo, pero se decida continuar con la tramitación, el órgano competente para resolver deberá incluir como primer punto del acuerdo/resolución «Omitir los efectos suspensivos del reparo formulado por la Intervención General Municipal y ordenar que se continúe con la tramitación del expediente.» Las resoluciones y los acuerdos adoptados que sean contrarios a los reparos formulados conforme a lo previsto en este apartado se remitirán al Tribunal de Cuentas de conformidad con lo estipulado en el artículo 12 del Real Decreto 424/2017, de 28 de abril.

d) No aceptar el reparo e iniciar procedimiento de discrepancia. Si el órgano gestor mantiene el criterio contrario al expresado en el informe emitido por la Intervención General Municipal podrá plantear, ante la Alcaldía o el Pleno del Ayuntamiento de Castelló de la Plana, la discrepancia por escrito.

Artículo 23. Procedimiento para la resolución de discrepancias

1. El órgano gestor, cuyo criterio sea contrario al manifestado por la Intervención General Municipal, planteará la discrepancia por escrito, con expresión de los preceptos legales en los que sustente su criterio, en el plazo de 15 días desde la recepción del reparo, remitiendo el expediente completo a la Presidencia o al Pleno del Ayuntamiento de Castelló de la Plana, a través de su Presidencia, y se tramitará conforme a lo dispuesto en el artículo 15 del Real Decreto 424/2017, de 28 de abril. El expediente debe incluir tanto el informe de la Intervención General Municipal, con carácter de reparo, como la discrepancia formulada a dicho informe.

2. Previamente a la resolución de la discrepancia, la Presidencia o el Pleno, a través de la Presidencia, podrá elevar resolución de las mismas al órgano de control competente por razón de la materia de la Administración que tenga atribuida la tutela financiera. La elevación de esta consulta debe ser comunicada al órgano interventor del Ayuntamiento de Castelló de la Plana.

CAPÍTULO V
COMPROBACIÓN MATERIAL DE LA INVERSIÓN

Artículo 24. Disposiciones generales

1. Entre las actuaciones de control interno que deben realizarse en el sector público del Ayuntamiento de Castelló de la Plana se incluye, como parte de la función interventora, la intervención de la comprobación material de la inversión.

2. Tiene por objeto verificar materialmente la efectiva realización de las obras, servicios y adquisiciones financiadas con fondos públicos y su adecuación a las condiciones establecidas en el correspondiente contrato, o en las mejoras ofertadas por el adjudicatario cuando hayan sido aceptadas por el órgano de contratación, así como en las modificaciones debidamente aprobadas conforme a la normativa que resulte de aplicación.

3.- La intervención de la comprobación material de la inversión se regulará por las siguientes normas:

a) El Real Decreto Legislativo 2/2004, de 5 de marzo, por el que se aprueba el texto refundido de la Ley Reguladora de las Haciendas Locales.

b) El Real Decreto 424/2017, de 28 de abril, por el que se regula el régimen jurídico del control interno en las entidades del Sector Público Local.

c) El presente Reglamento.

d) Las normas reguladoras aprobadas por el Ayuntamiento en desarrollo de las anteriores disposiciones.

e) Circulares e instrucciones de la Intervención General Municipal del Ayuntamiento.

f) Demás normativa de aplicación 4. El presente Reglamento será de aplicación a las actuaciones de intervención de la comprobación material de la inversión respecto al Ayuntamiento, sus Organismos Autónomos y Consorcios incluidos en el ámbito de aplicación de la función interventora.

5. Corresponde al órgano interventor la realización de la intervención de la comprobación material de la inversión.

6. Quedará al margen de la obligación de intervención de la comprobación material, las prestaciones en las que por su naturaleza no sea posible la verificación material porque el objeto no es una realidad física, tangible y susceptible de constatación material.

Artículo 25. Solicitud de representante de la Intervención General a la comprobación material de la inversión

Los órganos gestores deberán solicitar al órgano interventor, o en quien delegue, su asistencia a la comprobación material de la inversión cuando el importe de ésta sea igual o superior a 50.000,00 euros, con exclusión del Impuesto sobre el Valor Añadido, con una antelación de veinte días a la fecha prevista para la recepción de la inversión de que se trate.

Artículo 26. Procedimiento de muestreo

En aquellas inversiones cuyo objeto sea susceptible de comprobación, el órgano interventor podrá aplicar técnicas de muestreo, tal como establece la disposición adicional tercera de la Ley 9/2017, de 8 de noviembre, de Contratos del Sector Público.

Artículo 27. Asesoramiento técnico en las actuaciones de comprobación material de la inversión

1. El órgano interventor estará asesorado cuando sea necesaria la posesión de conocimientos técnicos para realizar la comprobación material de la inversión. El personal asesor estará en posesión de las especialidades que se consideren necesarias en función del tipo de comprobaciones materiales a realizar.

2. Se entiende que la comprobación material requiere la posesión de conocimientos técnicos en las recepciones de obras cuyos proyectos hayan sido redactados por funcionariado técnico, tales como arquitectos/as, ingenieros/as o cualesquiera otros que deban poseer para suscribir los títulos académicos o profesionales, así como aquellas obras cuya dirección y vigilancia haya estado encomendada a personas que posean títulos de capacitación especial, aun cuando no hayan mediado la redacción de proyectos.

3. La designación de personal asesor se efectuará entre funcionariado que no haya intervenido en el proyecto, dirección, adjudicación, celebración o ejecución del gasto correspondiente. Los órganos gestores y superiores jerárquicos de los mismos deberán colaborar para la adecuada prestación del servicio. Si alguna circunstancia impidiera efectuar el citado nombramiento o que la persona designada lleve a cabo su labor de asesoramiento al representante de la Intervención General Municipal, se comunicará tal circunstancia a la mayor brevedad.

4. No será necesaria la designación de asesor/a con conocimientos técnicos cualificados en los contratos de suministros cuando la inversión se refie-

ra a objetos determinables por su número, calidad y condiciones usuales en el comercio, o cuando su procedencia está acreditada por el nombre o marca comercial que conste en los mismos, con independencia de que la Intervención General Municipal pueda solicitar dicha asignación debido a las características o singularidades de la inversión.

5. La designación del personal asesor se realizará por el órgano gestor en el mismo momento en que se solicite a la Intervención General Municipal su asistencia a la comprobación material de la inversión. El asesor técnico designado planificará con el órgano interventor los trabajos de comprobación material de la inversión.

6. La fecha que se fije para la recepción ha de permitir un adecuado cumplimiento de lo dispuesto en la normativa contractual en cuanto al plazo para efectuar aquélla: así, la realización del acto formal y positivo de recepción o conformidad ha de producirse dentro del mes siguiente a la entrega o realización del objeto del contrato, o en el plazo que se determine en el pliego de cláusulas administrativas particulares por razón de sus características.

Artículo 28. Comprobaciones materiales durante la ejecución de la inversión

1. Cuando se aprecien circunstancias que lo aconsejen, el órgano interventor podrá acordar la realización de comprobaciones materiales de la inversión durante la ejecución de las obras, la prestación de servicios y fabricación de bienes adquiridos mediante contratos de suministros.

2. El órgano interventor deberá pronunciarse sobre los motivos que justifican su realización, el alcance de las comprobaciones a realizar, así como la necesidad de asesoramiento.

Artículo 29. Alcance de las responsabilidades y causa de exención de la misma

1. Cuando la comprobación material de la inversión, por el órgano interventor, vaya acompañada de la designación de personal asesor, el criterio de la Intervención sobre la adecuación de los aspectos técnicos de la inversión se basará en la opinión del personal asesor técnico sobre dichos aspectos.

2. Quien representa a la Intervención y, en su caso, la persona asesora designada quedarán exentos de cualquier responsabilidad cuando los posibles defectos o faltas de adecuación de la inversión realizada con las condiciones generales o particulares de la ejecución de la misma deriven de aspectos o condiciones de ejecución que no den lugar a resultado tangible, susceptible de comprobación, o de vicios o elementos ocultos, imposibles de detectar en el momento de efectuar la comprobación material de la inversión. Tampoco habrá lugar a la exigencia de responsabilidad en relación a aquellas deficiencias o incorrecciones respecto de las cuales el esfuerzo que hubiera de exigirse a la representación de la Intervención y, en su caso, al personal asesor para detectarlas fuera desproporcionado con los medios personales y materiales disponibles para efectuar el acto de comprobación.

3. En los supuestos en los que no se haya designado asesor/a técnico/a, la responsabilidad exigible a quien representa a la Intervención quedará limitada a los aspectos y deficiencias que se puedan detectar atendiendo a la diligencia media exigida a los profesionales de la Administración que no requieren cualificación técnica en un sector específico objeto de la inversión para el desempeño de las funciones asignadas a su puesto de trabajo.

Artículo 30. Resultado de la intervención de la comprobación material de la inversión

1. El resultado de la intervención de la comprobación material de la inversión se reflejará en el acta en el que se formalice el acto de recepción previsto en la legislación de contratos, haciendo constar, en su caso, las deficiencias apreciadas, las medidas a adoptar para subsanarlas y los hechos y circunstancias relevantes del acto de comprobación. El acta de recepción será remitida a la Intervención General Municipal, preferentemente, a través del gestor de expedientes para su firma electrónica.

2. El resultado de la intervención de la comprobación material de la inversión, se corresponderá con alguno de los que se indican a continuación: «favorable», «favorable con observaciones» o «desfavorable».

2.1 «Favorable», cuando las obras, adquisiciones financiadas con fondos públicos o servicios se encuentren en buen estado y con arreglo a las prescripciones técnicas previstas en el contrato, así como, en su caso, en las mejoras ofertadas por el adjudicatario del contrato que hayan sido aceptadas por el órgano de contratación o en las modificaciones debidamente aprobadas. En el acta se hará constar de forma expresa que la opinión que se emite es de carácter favorable.

2.2 «Favorable con observaciones», cuando las obras, adquisiciones financiadas con fondos públicos o servicios se encuentren en buen estado y con arreglo a las prescripciones técnicas previstas en el contrato y, en su caso, en las mejoras ofertadas y aceptadas y en las modificaciones debidamente aprobadas, no precisando, en consecuencia, un nuevo acto de recepción, y las observaciones a formular vengan motivadas por:

2.2.1 Incidencias surgidas en la solicitud de la documentación y/o en el estudio de la misma que hayan dificultado, limitado o retrasado la intervención de la comprobación material de la inversión en tiempo y forma.

2.2.2 Diferencias entre lo realmente ejecutado y lo aprobado en el expediente objeto de recepción, que por ser de escasa importancia cuantitativa hagan innecesario proceder a la correspondiente modificación del contrato. El órgano interventor deberá comprobar, en el momento de intervenir el reconocimiento de la obligación derivado de la certificación final cuando se trate de obras o de la liquidación de la inversión en los restantes casos, si estas diferencias se han tenido en cuenta al efectuar la valoración final, a efectos de la formulación o no de reparo suspensivo.

2.2.3 Deficiencias, incorrecciones o aspectos a mejorar en la documentación que integra el I G M Intervenció General Municipal 22 que se juzgue oportuno comunicar al órgano gestor del expediente para su consideración en lo sucesivo.

2.2.4 En general, aquellos otros aspectos detectados en la intervención de la comprobación material de la inversión que no supongan estar ante una ejecución defectuosa de la prestación. El órgano interventor, en el momento que corresponda intervenir el reconocimiento de la obligación derivado de la certificación final, cuando se trate de obras, o de la liquidación de la inversión en los restantes casos, deberá comprobar si las observaciones señaladas en el acta de recepción han sido subsanadas, si por no ser susceptibles de subsanación se han tenido en cuenta, si procede, al efectuar la valoración final, o si dada su trascendencia son causa de reparo suspensivo, en virtud de lo dispuesto en el artículo 12.2 del Real Decreto 424/2017, de 28 de abril y en la regulación establecida en las directrices aplicables al ejercicio de la fiscalización e intervención limitada previa, aprobadas por el Pleno del Ayuntamiento. En todos estos casos, 2.2.1 a 2.2.4, en el acta se hará constar de forma expresa que la opinión es «favorable con observaciones», pudiendo expresarse las observaciones en el misma acta o en informe ampliatorio.

2.3 «Desfavorable», cuando las obras, adquisiciones financiadas con fondos públicos o servicios no se encuentren en buen estado o no se ajusten a las condiciones generales o particulares previstas en el contrato, así como, en su caso, en las mejoras ofertadas por el adjudicatario del contrato que hayan sido aceptadas por el órgano de contratación o en las modificaciones debidamente aprobadas. En estos casos, la opinión desfavorable deberá estar motivada en el acta o en informe ampliatorio. No obstante, lo anterior, en el caso de obras debe tenerse en cuenta que, si las obras defectuosas o mal ejecutadas son consecuencia directa e inmediata de una orden de la Administración y así consta esta circunstancia, el o la contratista está exento de responsabilidad, y lo mismo ocurriría si a pesar de no responder a una orden inmediata o directa de la Administración ésta las acepta a un precio rebajado y consta debidamente dicha circunstancia. En el acta se reflejará de forma expresa que la opinión es «desfavorable», y se hará constar, en la propia acta o en un informe ampliatorio, anexo a la misma, las deficiencias apreciadas, las medidas a adoptar y el plazo concedido por el Ayuntamiento para subsanarlas, así como los hechos y circunstancias relevantes del acto de recepción. Una vez expirado el plazo concedido, en aquellos supuestos en que resulte procedente, se efectuará un nuevo acto de recepción para comprobar si se han subsanado las deficiencias. Son supuestos que conllevan una opinión desfavorable del representante designado:

2.3.1 Elementos o aspectos no ejecutados o ejecutados incorrectamente, susceptibles de subsanación en el plazo que a tales efectos se conceda al contratista.

2.3.2 Modificaciones del contrato que han sido ejecutadas sin estar aprobadas de acuerdo con la normativa aplicable. A efectos de entender la procedencia de estar ante una modificación, se tendrá en cuenta:

a) Regla general: La modificación de un contrato, al suponer la alteración de las condiciones en que se producirá la prestación del o de la contratista, supone igualmente la alteración de los actos administrativos de contenido económico que hubieron de ser fiscalizados en su día con motivo de la aprobación y compromiso del gasto; por tanto, aunque la modificación no implique aumento del gasto, o incluso suponga una disminución del mismo, deberá ser igualmente objeto de fiscalización previa a su aprobación.

b) Como excepción a la regla general anterior, podrán introducirse variaciones sin necesidad de previa aprobación de un expediente de modificación cuando éstas consistan en la alteración en el número de unidades realmente ejecutadas sobre las previstas en las mediciones del proyecto, siempre que no representen un incremento del gasto superior al 10 por ciento del precio primitivo del contrato. En este supuesto no resulta exigible tramitar una modificación, por lo que se estará, en su caso, a lo indicado en el epígrafe 2.2.2 de este artículo 30.

c) Reglas especiales para contratos de suministros y servicios en función de necesidades: Se aplica en aquellos casos en los que el empresario o la empresaria tenga la obligación de entregar una pluralidad de bienes o a ejecutar el servicio de forma sucesiva y por precio unitario, sin que el número total de entregas o prestaciones incluidas en el objeto del contrato se defina con exactitud al tiempo de celebrar éste, por estar subordinadas las mismas a las necesidades del Sector Público del Ayuntamiento de Castelló de la Plana, el cual deberá aprobar un presupuesto máximo. En estos casos, hay que distinguir según se trate de un «incremento» o de un «decremento» de la prestación:

c.1) Incremento de la prestación: En el caso de que, dentro de la vigencia del contrato, las necesidades reales fuesen superiores a las estimadas inicialmente, deberá tramitarse la correspondiente modificación. A tales efectos, habrá de preverse en la documentación que rija la licitación la posibilidad de que pueda modificarse el contrato como consecuencia de tal circunstancia, en los términos previstos en la normativa de contratación. La citada modificación deberá tramitarse antes de que se agote el presupuesto máximo inicialmente aprobado, reservándose a tal fin el crédito necesario para cubrir el importe máximo de las nuevas necesidades.

c.2) Ante un decremento de la prestación: En este supuesto, como quiera que él o la contratista se obliga a la entrega o a prestar servicios de forma sucesiva y por precios unitarios, sin que esté determinada la cuantía total de las prestaciones, al no haberse comprometido las partes a la realización de un número total de entregas o de servicios, ni al abono del precio total del contrato, un posible decremento en la prestación como consecuencia de las menores necesidades del Ayuntamiento o de sus entes dependientes, da lugar simplemente a una modificación en el expediente de gasto, no considerándose una modificación del contrato. En este caso, a efectos de la opinión a reflejar en el acta, al no resultar exigible la modificación del contrato se estará, en su caso, a lo indicado en los epígrafes 2.1 y 2.2 de este artículo 30.

2.3.3 Trabajos o prestaciones total o parcialmente recibidos y distribuidos con anterioridad a efectuar la comprobación material de la inversión.

2.3.4 Ocupación efectiva de obras o su puesta en servicio para uso público sin la presencia de quien representa a la Intervención.

2.3.5 Elementos o aspectos no ejecutados o ejecutados incorrectamente, no susceptibles de subsanación por su propia naturaleza, o no subsanados en el plazo que a tales efectos se conceda al contratista.

3. En los casos descritos en el apartado 2.3 anterior, epígrafes 2.3.1 a 2.3.5, se procederá de la siguiente forma:

3.1 Elementos o aspectos no ejecutados o ejecutados incorrectamente, susceptibles de subsanación en el plazo que a tales efectos se conceda al contratista: En el acta se reflejará de forma expresa que la opinión es «desfavorable», y se hará constar, en la propia acta o en un informe ampliatorio, anexo a la misma, las deficiencias apreciadas, las medidas a adoptar y el plazo concedido por el Ayuntamiento de Castelló de la Plana o por cualquiera de sus entes dependientes para subsanarlas, así como los hechos y circunstancias relevantes del acto de recepción. Expirado el plazo concedido se procederá a efectuar un nuevo acto de recepción para comprobar si se han subsanado las deficiencias.

3.2 Modificaciones no tramitadas: En el acta se dejará constancia de esta circunstancia, poniendo de manifiesto la necesidad de posponer la recepción formal en tanto no se adopten las medidas correctoras correspondientes, previo cumplimiento de los trámites que exija la normativa aplicable en cada caso. Asimismo, en el supuesto de estar incurso el expediente en un supuesto de omisión de la función interventora, se tendrá en cuenta el procedimiento previsto en el artículo 28 del Real Decreto 424/2017, 28 de abril y en el presente Reglamento. Una vez adoptadas las medidas correspondientes, el centro gestor procederá a convocar a la mayor brevedad el acto formal de recepción, incorporando entre las actuaciones el acuerdo de la Junta de Gobierno Local por el que se convalida la omisión de la fiscalización previa del expediente de modificación.

3.3 Trabajos o prestaciones total o parcialmente recibidos y distribuidos con anterioridad a efectuar la comprobación material de la inversión: A tales efectos se tendrá en cuenta que el certificado emitido por el centro gestor haciendo constar la recepción de conformidad y el destino de los trabajos distribuidos, no suple la ausencia material de los mismos. En estos casos, quien representa a la Intervención reflejará en el acta esta circunstancia, para seguidamente indicar en la misma la necesidad de seguir el procedimiento previsto en el artículo 28 del Real Decreto 424/2017, de 28 de abril, y en el presente Reglamento, al haberse producido la recepción de los trabajos sin la presencia de quien representa a la Intervención. En este supuesto, una vez se haya producido la convalidación por la Junta de Gobierno Local, no procederá efectuar un nuevo acto de recepción, habida cuenta que la propia naturaleza de la deficiencia lo imposibilita. El órgano de control a quien corresponda intervenir el reconocimiento de la obligación derivado de la certificación final o de la liquidación de la inversión, verificará, a efectos de la formulación o no de reparo suspensivo, que el expediente incorpora el acuerdo de la Junta de Gobierno Local por el que se convalida la omisión de la intervención de la comprobación material de la inversión.

3.4 Ocupación efectiva de obras o su puesta en servicio para uso público sin la presencia del órgano interventor: Se procederá de forma análoga a lo indicado en el epígrafe 3.3 anterior.

3.5 Elementos o aspectos no ejecutados o ejecutados incorrectamente, no susceptibles de subsanación por su propia naturaleza o no subsanados en el plazo que a tales efectos se conceda al contratista: En el acta se reflejará de forma expresa que la opinión es «desfavorable» tanto en el caso de estar ante una ejecución incorrecta como ante una inejecución, siempre que no sean susceptibles de subsanación o no se hayan subsanado en el plazo concedido para ello. No obstante, lo anterior, en el supuesto de no ejecución, con carácter previo al reflejo en el acta de una opinión desfavorable, se tendrá en cuenta la posibilidad, si procede, de reconducir aquél al supuesto previsto en el epígrafe 2.2.2 de este artículo 30. Cuando la opinión a reflejar en el acta deba ser desfavorable, ya sea por una ejecución incorrecta y/o por una no ejecución no subsanables o no subsanadas, en la propia acta o en un informe ampliatorio, anexo a la misma, se indicarán las deficiencias apreciadas, así como la procedencia de que por el Ayuntamiento de Castelló de la Plana se adopten las medidas oportunas que se contemplan para los casos de ejecución defectuosa en la normativa de contratación. El órgano interventor, en el momento que corresponda intervenir el reconocimiento de la obligación derivado de la certificación final, cuando se trate de obras, o de la liquidación de la inversión en los restantes casos, deberá comprobar si las observaciones señaladas en el acta de recepción han sido subsanadas, si por no ser susceptibles de subsanación se han tenido en cuenta, si procede, al efectuar la valoración final, o si dada su trascendencia son causa de reparo suspensivo, en virtud de lo dispuesto en el artículo 12.2 del Real Decreto 424/2017, de 28 de abril y en la regulación establecida en las directrices aplicables al ejercicio de la fiscalización e intervención limitada previa, aprobadas por el Pleno del Ayuntamiento.

Artículo 31. Actas de comprobaciones materiales durante la inversión

1. En los supuestos en que se hubiera acordado la realización de comprobaciones materiales de la inversión durante la ejecución de las obras, adquisiciones financiadas con fondos públicos o servicios, o en el caso de comprobaciones materiales derivadas de la modificación de un contrato de obras que contemple unidades que hayan de quedar posterior y definitivamente ocultas, el resultado de estas actuaciones se recogerá en un acta, en la que se harán constar, en su caso, las deficiencias observadas, las medidas a adoptar para subsanarlas y los hechos y circunstancias relevantes de dicho acto.

2. Este acto se considera como una actuación de control independiente y distinta de la recepción prevista en la legislación de contratos, a la que en ningún caso sustituirá.

Artículo 32. Tramitación de las actas de recepción y del resultado de la intervención de la comprobación material de la inversión

1. Una vez efectuada la comprobación material de una inversión, quien representa al órgano interventor incorporará en sus aplicativos referencia del acta de recepción levantada, indicando el carácter del resultado de la intervención de la comprobación material de la inversión y, en su caso, del informe ampliatorio emitido como resultado de aquella.

2. El resultado de la intervención de la comprobación material de la inversión, reflejado en el acta de recepción, se ajustará a las indicaciones incluidas en el artículo 30 de este Reglamento.

Artículo 33. Comprobación material de la inversión a posteriori

1. En los casos en los que la intervención de la comprobación material de la inversión no sea perceptiva y siendo su objeto susceptible de comprobación, el órgano interventor podrá aplicar técnicas de muestreo para el ejercicio a posteriori de dicha intervención. Estas actuaciones se incluirán en el Plan Anual de Control Financiero.

2. En las actuaciones a realizar en el Plan Anual de Control Financiero se verificarán, entre otros:

• Que la recepción ha sido realizada en tiempo y forma.

• La existencia del acta de conformidad firmada por quienes participaron en la misma o una certificación expedida por la jefatura del centro, dependencia u organismo a quien corresponda recibir o aceptar las obras, servicios o adquisiciones, en la que se expresará haberse hecho cargo del material adquirido, especificándolo con el detalle necesario para su identificación, o haberse ejecutado la obra o servicio con arreglo a las condiciones generales y particulares que, en relación con ellos, hubieran sido previamente establecidas.

• Que el acta de conformidad recoge las mejoras ofertadas por la o el adjudicatario cuando hayan sido aceptadas por el órgano de contratación, así como las modificaciones debidamente aprobadas y que éstas se ajustan a la normativa que resulte de aplicación.

CAPÍTULO VI
DE LA OMISIÓN DE LA FUNCIÓN INTERVENTORA

Artículo 34. Omisión de la función interventora

1. En los supuestos en los que la función interventora fuera preceptiva y se hubiese omitido, no se podrá autorizar o comprometer el gasto, ni reconocer la obligación o tramitar el pago, ni intervenir favorablemente estas actuaciones hasta que se conozca y resuelva dicha omisión en los términos previstos en este artículo.

2. Si el órgano interventor observará omisión de la función interventora en un expediente, lo pondrá en conocimiento del órgano gestor correspondiente para que inicie el procedimiento de omisión de la función interven-

tora, conforme lo estipulado en el artículo 28 del Real Decreto 424/2017, de 28 de abril.

3. Cuando el órgano gestor remita a la Intervención General Municipal un expediente en el que se ha producido la omisión de la función interventora, deberá aportar un informe justificativo del motivo por el que se omitió el trámite de la función interventora en las actuaciones, con una descripción detallada del gasto, constatación de que las prestaciones se han llevado a cabo y que las mismas se ajustan a precio de mercado.

4. La intervención podrá solicitar a los Servicios Jurídicos informe que versará sobre la procedencia de instar la revisión de oficio.

5. Una vez recibido en la Intervención el expediente completo, el órgano interventor emitirá informe sobre la omisión de la función interventora, que no tendrá naturaleza de fiscalización, exponiendo los incumplimientos que a su juicio se produjeron al adoptarse el acto con omisión de la preceptiva fiscalización o intervención previa y concluyendo sobre la posibilidad y conveniencia de revisión de dichos actos dictados con infracción del ordenamiento, o de la continuación del procedimiento sin necesidad de incoar dicha revisión.

6. Corresponderá a la Junta de Gobierno Local, en el Ayuntamiento de Castelló de la Plana, o al Consejo Rector en el caso de los Organismos Autónomos y Consorcio dependientes del Ayuntamiento, la adopción del acuerdo para la continuación o no del procedimiento y las demás actuaciones que, en su caso, proceda.

TÍTULO III
CONTROL FINANCIERO

CAPÍTULO I
DISPOSICIONES GENERALES

Artículo 35. Objeto y formas de ejercicio

1. El control financiero tiene por objeto verificar el funcionamiento económico-financiero del Ayuntamiento de Castelló de la Plana y de sus entes dependientes, para comprobar el cumplimiento de la normativa y directrices que los rigen y, en general, que su gestión se ajusta a los principios de buena gestión financiera. Este control financiero se ejercerá mediante el ejercicio del control permanente y la auditoría pública.

2. El control financiero, en cualquiera de las formas de ejercicio anteriores, tendrá entre sus fines el control de eficacia, que consistirá en verificar el grado de cumplimiento de los objetivos programados y el coste y rendimiento de los servicios, de conformidad con los principios de eficiencia, estabilidad presupuestaria y sostenibilidad financiera en el uso de los recursos públicos locales.

3. En el ejercicio del control financiero serán de aplicación las normas de control financiero y auditoría pública vigentes en cada momento para el sector público estatal.

Artículo 36. Obtención de información y documentación en las actuaciones de control financiero

1. Los órganos gestores deberán facilitar la información que sea relevante para la realización de las actuaciones de control.

2. El órgano interventor podrá solicitar de los órganos y entidades objeto de control cualquier tipo de documentación y demás información, según lo establecido en el artículo 30 del Real Decreto 424/2017, de 28 de abril, que considere necesaria para el desarrollo de las actuaciones, ya sea en soporte documental o en soportes informáticos compatibles con los equipos y aplicaciones del órgano de control, y el acceso para consultas a los sistemas y aplicaciones que contengan información económico-financiera del órgano, organismo o entidad controlada.

3. En ningún caso el órgano interventor tendrá la obligación de procurarse, por sí mismo, la documentación e información directamente de los archivos físicos y de las aplicaciones y bases de datos informáticas, sin perjuicio de que se pueda utilizar este procedimiento cuando la Intervención General Municipal y los responsables de la entidad lo acuerden y siempre que la documentación sea fácilmente accesible.

4. En aquellos supuestos en que se apreciara obstrucción o falta de colaboración con el personal encargado de la ejecución del control financiero, la Intervención comunicará tal circunstancia a la persona titular del órgano, organismo o entidad objeto de control, con el fin de que proceda a adoptar las medidas correctoras oportunas. En todo caso, la falta de colaboración se constará en el informe de control.

Artículo 37. Planificación del control financiero

1. La Intervención General Municipal elaborará un Plan Anual de Control Financiero que recogerá las actuaciones de control permanente planificable y auditoría pública a realizar durante el ejercicio.

2. El Plan incluirá actuaciones cuya realización por el órgano interventor derive de una obligación legal y las que anualmente se seleccionen sobre la base de un análisis de riesgos consistente con los objetivos que se pretendan conseguir, las prioridades establecidas para cada ejercicio y los medios disponibles.

3. Identificados y evaluados los riesgos, el órgano interventor elaborará el Plan Anual concretando las actuaciones a realizar e identificando el alcance objetivo, subjetivo y temporal de cada una de ellas. Este Plan podrá ser modificado como consecuencia de la ejecución de controles en virtud de solicitud o mandato legal, variaciones en la estructura de las entidades objeto de control, insuficiencia de medios o por otras razones debidamente ponderadas.

4. El Plan Anual de Control Financiero elaborado, así como su modificación, en su caso, será remitido a efectos informativos al Pleno.

CAPÍTULO II
CONTROL PERMANENTE

Artículo 38. Ámbito subjetivo

El control permanente se ejercerá sobre:

a) El Ayuntamiento de Castelló de la Plana.

b) Sus Organismos Autónomos.

c) Los Consorcios, dotados de personalidad jurídica, actualmente adscritos al Ayuntamiento.

Artículo 39. Objeto y formas de ejercicio

1. Sobre las entidades en las que se realice la función interventora se ejercerá el control permanente con la finalidad de comprobar, de forma continua, que el funcionamiento de la actividad económico financiera de las entidades incluidas en el ámbito subjetivo de este Reglamento se ajusta al ordenamiento jurídico y a los principios generales de buena gestión financiera, con el fin último de mejorar la gestión en su aspecto económico, financiero, patrimonial, presupuestario, contable, organizativo y procedimental. A estos efectos se podrán aplicar técnicas de auditoría.

2. El control permanente comprende tanto las actuaciones que anualmente se incluyan en el correspondiente Plan Anual de Control Financiero, como las atribuidas en el ordenamiento jurídico al órgano interventor.

3. El ejercicio del control permanente se realizará a través del:

• Control permanente previo: modalidad de control permanente no planificable, que engloba aquellas actuaciones, no sujetas a función interventora, que deriven de una obligación legal. Estas actuaciones de control se realizan en un momento anterior a la emisión del acto administrativo.

• Control permanente concomitante: modalidad de control permanente que abarca aquellos expedientes en los que se realiza la función interventora y que, por su elevado riesgo, se realizan las actuaciones de control de manera simultánea a dicha función interventora.

• Control permanente posterior: modalidad del control permanente planificable que comprende las actuaciones de control de los expedientes en los que se ha realizado la función interventora y aquellas que deriven de una obligación legal y se han incluido en el Plan Anual de Control Financiero.

Artículo 40. Actuaciones de control permanente

1. Los trabajos de control permanente se realizarán de forma continuada e incluirán las actuaciones recogidas en el artículo 32 del Real Decreto 424/2017, de 28 de abril, y demás normativa de aplicación.

2. La intervención comunicará al órgano gestor el inicio de aquellas actuaciones de control permanente que requieran su colaboración.

Artículo 41. Control permanente previo

1. Las actuaciones de control permanente previo se iniciarán con anterioridad a que se dicte el acuerdo por el órgano competente y una vez recibido en

la Intervención el expediente completo, con propuesta de resolución, se realizará un examen de los documentos que lo compongan. Estos documentos se corresponderán con lo definidos, en su caso, en la norma específica que regule su contenido. La falta de documentos que deben integrar el expediente determinará su devolución al órgano gestor sin emisión de informe, a los efectos de que el mismo sea completado.

2. Salvo que una norma sectorial establezca uno distinto, los informes de control permanente previo se emitirán el plazo de 10 días, desde el día siguiente a la puesta a disposición del expediente en el órgano de control, plazo que se reducirá a 5 días, en caso de ser declarada su tramitación urgente. Si por la complejidad o el volumen del expediente se requiriese un plazo mayor, el órgano interventor lo comunicará al órgano gestor, justificando dicha circunstancia. Los plazos para emitir el informe de control quedarán suspendidos desde el momento en que se soliciten documentos o informes complementarios necesarios para las actuaciones de control, y se reanudarán una vez se hayan incorporado al expediente. El informe responderá a la estructura general que la Intervención General Municipal determine, debiendo en todo caso reflejar los antecedentes, los fundamentos legales en los que se base el análisis del asunto, y una conclusión que manifieste el sentido del informe. El informe podrá incorporar recomendaciones o actuaciones para la corrección de las deficiencias expuestas.

3. Cuando por la Intervención se emita informe desfavorable, el órgano competente para aprobar el acto controlado previamente podrá, a través del órgano gestor:

a) Subsanar los defectos observados. Una vez subsanados, se remitirá de nuevo el expediente al órgano interventor para su comprobación, y emisión de nuevo informe donde, a la vista de lo aportado, podrá mostrar su conformidad o disconformidad a dicha subsanación.

b) Desistir de la tramitación del expediente, que deberá ser comunicado al órgano interventor.

c) Continuar con el procedimiento, dictándose la oportuna resolución y comunicando esta circunstancia al órgano interventor. En estos supuestos, el órgano interventor remitirá el informe a la Presidencia del Ayuntamiento de Castelló de la Plana, así como, a través de ésta, al Pleno para su conocimiento, sin perjuicio de su inclusión, en el informe resumen anual de control interno, que deberá ser remitido a la IGAE. Sin perjuicio de lo anterior, si el órgano interventor considerase que las infracciones al ordenamiento pudiesen dar lugar a la exigencia de responsabilidades contables o penales, lo pondrá en conocimiento del órgano competente conforme lo dispuesto en el artículo 5.2 del Real Decreto 424/2017, de 28 de abril.

4. Si el órgano de control interno tuviera conocimiento de un Acuerdo o Resolución administrativa que debiendo ser objeto de control financiero previo no haya sido remitido, lo pondrá de manifiesto a la unidad tramitadora responsable del expediente, procediendo, en su caso, a realizar las comunicaciones a las se refiere el artículo 5.2 del Real Decreto 424/2017, de 28 de abril.

Artículo 42. Control Permanente Concomitante

1. Este control es derivado de la fiscalización e intervención limitada previa de requisitos básicos y de manera simultánea a ésta, teniendo en cuenta la regulación establecida en las directrices aplicables al ejercicio de la fiscalización e intervención limitada previa, aprobadas por el Pleno del Ayuntamiento, y lo establecido en el Real Decreto 424/2017, de 28 de abril.

2. Se realizará cuando, de la fiscalización e intervención limitada previa de requisitos básicos, se infiera la posibilidad de que se produzca un riesgo en la gestión regular de los fondos públicos, el empleo eficiente de los mismos o la sostenibilidad financiera.

Artículo 43. Control Permanente Posterior

1. Comprende las actuaciones de control que anualmente se incluyan en el Plan Anual de Control Financiero. Se entenderán incluidos en el ámbito del control financiero posterior:

• los gastos u obligaciones sometidos a la fiscalización e intervención limitada previa y las subvenciones concedidas por el Ayuntamiento de Castelló de la Plana y sus entes dependientes.

• Los gastos no sometidos a la fiscalización previa prevista en el artículo 7.1.a) del Real Decreto 424/2017, de 28 de abril, como los contratos menores, pagos menores de 1.000 euros (en servicios y suministros) o 5.000 euros (en obras) o gastos menores, entre otros. Las actuaciones de control posterior se realizarán por el personal técnico asignado desde el órgano interventor, bajo la supervisión de la persona responsable de la Intervención General Municipal.

2. Las actuaciones que consten en el Plan Anual de Control Financiero se realizarán sobre una muestra, elegida de acuerdo con alguno de los siguientes criterios:

a) Mediante muestreo dirigido: la selección de muestras se realizará sin atender a requisitos estadísticos. Con carácter general, la selección se basará: En información previa sobre defectos, anomalías o irregularidades en determinados expedientes u operaciones.

•En el volumen de expedientes tramitados de una determinada materia.

•En la obtención de una evidencia mediante la realización de una prueba global.

•En una debilidad detectada en controles efectuados anteriormente.

•En el importe de los expedientes.

b) Mediante muestreo estadístico: La elección entre las distintas modalidades de muestreo estadístico será una decisión de la Intervención General Municipal que habrá de tomar en función de circunstancias específicas.

3. El control posterior se documentará en informes escritos cuya estructura, contenido y tramitación se ajustará a lo establecido por la Intervención General Municipal. Los informes se clasifican en provisionales y definitivos:

• El informe provisional, expondrá de forma clara, objetiva y ponderada los hechos comprobados, las conclusiones obtenidas y, en su caso, las recomendaciones sobre las actuaciones objeto de control. Asimismo, se indicarán las deficiencias que deban ser subsanadas mediante una actuación correctora inmediata, debiendo verificarse su realización en las siguientes actuaciones de control. Se remitirán al gestor directo de la actividad económico-financiera controlada para que, mediante el trámite de alegaciones, aclare o justifique en el plazo de 15 días las actuaciones realizadas. En el supuesto de actuaciones de control financiero sobre beneficiarios/as o entidades colaboradoras en la gestión de subvenciones, el informe provisional, que podrá proponer la apertura de expediente de reintegro, se dirigirá a la unidad tramitadora de la subvención, beca o ayuda, para que una vez comunicado a las personas interesadas el resultado del informe provisional del control efectuado, realicen las alegaciones en el plazo de 15 días anteriormente citado, incorporando a las propias, las alegaciones o aclaraciones que en su caso hayan realizado las entidades colaboradoras o beneficiarios/as de las subvenciones.

• Recibidas las alegaciones del órgano gestor se emitirá informe definitivo aceptando o rechazando las alegaciones formuladas. En el caso de que no se reciban alegaciones, el informe provisional se transformará en definitivo con indicación de esta circunstancia. Del informe definitivo se dará traslado al gestor directo y a la Alcaldía para la elaboración de un plan de acción de corrección de deficiencias detectadas. Asimismo, a través de la Alcaldía, ser remitirán los informes al Pleno para su conocimiento. Sin perjuicio de lo anterior, si el órgano interventor considerase que las infracciones al ordenamiento advertidas pudiesen dar lugar a la exigencia de responsabilidades contables o penales, lo comunicará según lo dispuesto en el artículo 5.2 del Real Decreto 424/2017, de 28 de abril.

CAPÍTULO III
AUDITORÍA PÚBLICA

Artículo 44. Concepto y modalidades

1. La auditoría pública consistirá en la verificación, realizada con posterioridad y de forma sistemática, de la actividad económico-financiera del sector público del Ayuntamiento de Castelló de la Plana, mediante la aplicación de los procedimientos de revisión selectivos contenidos en las normas de auditoría e instrucciones que dicte la Intervención General de la Administración del Estado.

2. La auditoría pública engloba, en particular, las siguientes modalidades:

A) Auditoría de Cuentas, que tiene por objeto la verificación relativa a si las cuentas anuales representan en todos los aspectos significativos la imagen fiel del patrimonio, de la situación financiera, de los resultados de la entidad auditada y, en su caso, la ejecución del Presupuesto de acuerdo con las normas y principios contables y presupuestarios que le son de aplicación, y si contienen la información necesaria para su adecuada interpretación y comprensión. El órgano interventor del Ayuntamiento de Castelló de la Plana realizará anualmente la auditoría de cuentas de:

• Sus Organismos Autónomos.

• Los consorcios adscritos al Ayuntamiento.

• Las demás entidades, de las recogidas en el artículo 29.3.A) del Real Decreto 424/2017, de 28 de abril, que conformen el sector público del Ayuntamiento.

B) Auditoría de Cumplimiento y Auditoría Operativa, en las entidades del sector público del Ayuntamiento de Castelló de la Plana no sometidas a control permanente, con el fin de mejorar la gestión en su aspecto económico, financiero, patrimonial, presupuestario, contable, organizativo y procedimental.

- La auditoría de cumplimiento tiene por objeto la verificación de que los actos, operaciones y procedimientos de gestión económico-financiera se han desarrollado de conformidad con las normas que les son de aplicación.

- La auditoría operativa tiene por objeto el examen sistemático y objetivo de las operaciones y procedimientos de una organización, programa, actividad o función pública, con el objeto de proporcionar una valoración independiente de su racionalidad económico-financiera y su adecuación a los principios de la buena gestión, a fin de detectar sus posibles deficiencias y proponer las recomendaciones oportunas en orden a la corrección de aquéllas. El órgano interventor del Ayuntamiento de Castelló de la Plana realizará las auditorías de cumplimiento y operativas de:

• La Sociedad Mercantil Reciclado de Residuos la Plana, S.A. (RECIPLASA).

• Entidades del sector público del Ayuntamiento que se pudieran crear y que queden adscritas al mismo.

Artículo 45. Actuaciones de auditoría pública

1. Las actuaciones de auditoría pública se realizarán directamente por el órgano interventor o podrá recabarse la colaboración pública o privada. Para la realización directa deberá dotarse a la Intervención de los medios personales y materiales necesarios.

2. Estas actuaciones se someterán a las normas de auditoría del sector público aprobadas por la Intervención General de la Administración del Estado y a las normas técnicas que las desarrollen, en particular, en los aspectos relativos a la ejecución del trabajo, elaboración, contenido y presentación de los informes, y colaboración de otros auditores, así como aquellos otros aspectos que se consideren necesarios para asegurar la calidad y homogeneidad de los trabajos de auditoría pública.

3. El órgano interventor comunicará por escrito el inicio de las actuaciones al titular del servicio, órgano, organismo o entidad auditada.

4. Las actuaciones de auditoría pública se podrán realizar en los lugares establecidos en el artículo 33.3 del Real Decreto 424/2017, de 28 de abril, priorizando la facilidad al acceso inmediato a la información y documentación necesarias.

5. Los procedimientos de auditoría se podrán desarrollar a través de las siguientes actuaciones:

a) Examinar cuantos documentos y antecedentes afecten directa o indirectamente a la gestión económico financiera del órgano, organismo o ente auditado.

b) Requerir cuanta información y documentación se considere necesaria para el ejercicio de la auditoría.

c) Solicitar la información fiscal y la información de Seguridad Social de los órganos, organismos y entidades públicas que se considere relevante a los efectos de la realización de la auditoría.

d) Solicitar de los terceros relacionados con el servicio, órgano, organismo o entidad auditada información sobre operaciones realizadas por el mismo, sobre los saldos contables generados por éstas y sobre los costes, cuando esté previsto expresamente en el contrato el acceso de la Administración a los mismos o exista un acuerdo al respecto con el tercero. Las solicitudes se efectuarán a través de la entidad auditada, salvo que el órgano de control considere que existen razones que aconsejan la solicitud directa de información.

e) Verificar la seguridad y fiabilidad de los sistemas informáticos que soportan la información económico-financiera y contable.

f) Efectuar las comprobaciones materiales de cualquier clase de activos de los entes auditados, a cuyo fin los auditores tendrán libre acceso a los mismos.

g) Solicitar los asesoramientos y dictámenes jurídicos y técnicos que sean necesarios.

h) Cuantas otras actuaciones se consideren necesarias para obtener evidencias en las que soportar las conclusiones.

Artículo 46. Colaboración en las actuaciones de auditoría pública

1. Para la realización de las auditorías públicas en el sector público del Ayuntamiento de Castelló de la Plana, a propuesta del órgano interventor, se podrá recabar la colaboración pública o privada.

2. La colaboración de otros órganos públicos de control se materializará a través de Convenios.

3. Las firmas privadas contratadas para colaborar en la realización de las auditorías públicas deberán ajustarse a las instrucciones dictadas por el órgano interventor. La firma privada de auditoría será contratada por un plazo máximo de dos años, prorrogable en los términos establecidos en la legislación de contratos del sector público, no pudiendo superarse los ochos años de realización de trabajos sobre una misma entidad a través de contrataciones sucesivas, incluidas sus correspondientes prórrogas, ni pudiendo a dichos efectos ser contratados para la realización de trabajos sobre una misma entidad hasta transcurridos dos años desde la finalización del período de ocho. Las sociedades de auditoría o auditores de cuentas individuales concurrentes en relación con cada trabajo a adjudicar no podrán ser contratados cuando, en el mismo año o en el año anterior a aquel en que van a desarrollar su trabajo, hayan realizado o realicen otros trabajos para la entidad, sobre áreas o materias respecto de las cuales deba pronunciarse el auditor en su informe.

Artículo 47. Resultado de las auditorías

1. El resultado de las auditorías públicas se materializará del mismo modo que para el control posterior, recogido en el artículo 34.3 de este Reglamento, con las particularidades indicadas en el siguiente apartado.

2. La información contable de las entidades del sector público del Ayuntamiento de Castelló de la Plana y, en su caso, los informes de auditoría de cuentas anuales, deberán publicarse en la sede electrónica del Ayuntamiento. Estos informes deberán remitirse a la Intervención General de la Administración del Estado, para su integración en el registro de cuentas anuales del sector público regulado en el artículo 136 de la Ley 47/2003, de 26 de noviembre, General Presupuestaria, de conformidad con las instrucciones que se dicten al respecto.

TÍTULO IV
INFORME RESUMEN Y PLAN DE ACCIÓN

Artículo 48. Informe resumen

1. Con carácter anual y con ocasión de la formación de la Cuenta General, la Intervención General Municipal realizará un informe resumen de los resultados del control interno. El contenido, estructura y formato de este informe resumen se ajustará a lo dispuesto por la Intervención General de la Administración del Estado.

2. El informe resumen deberá contener los resultados más significativos derivados de las actuaciones de control financiero y de la función interventora realizadas en el ejercicio anterior y será remitido al Pleno, a través de la Presidencia de la Corporación, así como a la Intervención General de la Administración del Estado, en el curso del primer cuatrimestre de cada año.

Artículo 49. Plan de acción

1. Sin perjuicio de las delegaciones vigentes en cada momento, la Presidencia de la Corporación elaborará y aprobará un plan de acción que determine las medidas a adoptar para subsanar las debilidades, deficiencias, errores e incumplimientos que se pongan de manifiesto en el informe resumen referido en el artículo anterior.

2. El Plan de acción se elaborará en el plazo máximo de 3 meses desde la remisión del informe resumen al Pleno, y contendrá las medidas de corrección adoptadas, el responsable de su implementación y el calendario de actuaciones a realizar, relativos tanto a la gestión de la propia Corporación como a la de los organismos y entidades públicas adscritas o dependientes a la misma.

3. De los resultados del plan de acción se dará traslado a la Intervención General Municipal del Ayuntamiento de Castelló de la Plana, antes del 31 de enero del año siguiente al que dicho plan de acción deba ser elaborado, para su valoración en el informe resumen. En la remisión anual a la Intervención General de la Administración del Estado del informe resumen de los resul-

tados del control interno se informará, asimismo, sobre la corrección de las debilidades puestas de manifiesto. Disposición adicional. Desarrollo normativo Para asegurar las condiciones que posibiliten la correcta práctica de las funciones de intervención y control, este Reglamento podrá desarrollarse a través de circulares de la Intervención General Municipal y de instrucciones aprobadas por Junta de Gobierno Local, previo informe de la Intervención.

Disposición derogatoria. Derogación normativa

1. Queda derogado el Reglamento de control interno a ejercer por la Intervención General Municipal del Excmo. Ayuntamiento de Castellón de la Plana, de fecha 27 de junio de 2013, por el que se regulaban las funciones de control interno de la Intervención.

2. Quedan derogadas cuantas disposiciones de igual o inferior rango se opongan, contradigan o resulten incompatibles con lo dispuesto en este Reglamento.

Disposición final. Entrada en vigor

El presente Reglamento entrará en vigor el día siguiente de su publicación en el Boletín Oficial de la Provincia. I G M Intervenció General.